Ernst Emmerig
Wilkin Spitta



# Unbekannte OBERPFALZ

Von Land und Leuten, aus Geschichte und Kultur

Verlag Friedrich Pustet Regensburg

# Zum Geleit

Mit dem Ende des Schuljahres verlassen Sie eine Einrichtung, die über viele Jahre hinweg Ihr Leben bestimmt hat: die Schule. Entscheidende Anregungen sind von ihr ausgegangen. Unmerklich wurden Sie von ihr geformt. Eine große Zahl an Lehrkräften hat sich über viele Jahre Mühe gegeben, Ihnen all das zu vermitteln, was Sie für den Berufsweg benötigen.

Ein neuer Lebensabschnitt liegt vor Ihnen, die berufliche Ausbildung beginnt. Bundeswehr, Lehrstelle oder Universität, in dem einen oder anderen Fall auch eine weiterführende Schule, werden die neuen Bezugspunkte in Ihrem Leben sein. Mancher wird vielleicht sogar die Oberpfalz verlassen. Das Blickfeld weitet sich, der Blickwinkel ändert sich.

Es entspricht einer guten Übung, daß Landkreis, Bezirk und Regierung am Ende dieses ersten Abschnitts und am Beginn des zweiten mit einer Schulentlaßgabe des Landstrichs gedenken wollen, aus dem Sie alle stammen, nämlich der Oberpfalz. Das Bewußtsein, Oberpfälzer zu sein, setzt vielleicht erst in späteren Jahren ein oder, wenn Sie die Oberpfalz vorübergehend verlassen haben. Das ist auch verständlich. Damit aber der Kontakt zur Schulzeit und zur eigenen Heimat nicht abreißt, damit Sie Ihre Heimat vielleicht besser kennenlernen können, haben wir vor Jahren die Aktion »Schulentlaßgabe« ins Leben gerufen. Wie bekannt oder unbekannt jedem von Ihnen die Oberpfalz ist, wird vom Umfeld Ihres Zuhause und vielen anderen Faktoren abhängen. Um Ihnen aber sowohl die bekannte als auch die unbekannte Oberpfalz näherzubringen, wußten wir kein besseres Buch als die »Unbekannte Oberpfalz«, vom früheren Regierungspräsidenten Professor Dr. Ernst Emmerig und dem bekannten Fotografen Wilkin Spitta verfaßt. Beide Autoren berichten mit viel Wissen und Sorgfalt »von Land und Leuten, aus Geschichte und Kultur«. In ihrem Vorwort meinen sie, daß die Auswahl überwiegend beispielhaft erfolgte und zu einem tieferen Erleben des Landes und seiner Menschen geleiten will. Wir hoffen, daß Ihnen das Buch Freude macht und wünschen Ihnen für Ihren weiteren Lebensweg alles Gute.

*Dipl.-Ing. Alfred Spitzner*
*Bezirkstagspräsident*

*Karl Krampol*
*Regierungspräsident*

# Inhalt


Vorwort . . . . . . . . . . 7

Landschaft . . . . . . . . . . 9
Verborgene Schichten . . . . . . . . . . 16
Regensburgische Ausstrahlungen . . . . . . . . . . 26
Urpfarreien und Karner . . . . . . . . . . 33
Frühe Zeugnisse der weltlichen Gewalt . . . . . . . . . . 38
Frühe Klöster . . . . . . . . . . 51
Ländliche Romanik und Gotik . . . . . . . . . . 61
Die Bürger und ihre Rathäuser . . . . . . . . . . 71
Glaubenswirren . . . . . . . . . . 78
Wallfahrten und einsame Kirchen . . . . . . . . . . 85
Der Tod . . . . . . . . . . 106
Barocke Formen und Rokoko . . . . . . . . . . 117
Residenzen und Hammerschlösser . . . . . . . . . . 129
Neuem aufgeschlossen . . . . . . . . . . 143
Spuren großer Oberpfälzer . . . . . . . . . . 151
Waldler- und andere Häuser . . . . . . . . . . 162
Volkstümliche Welt . . . . . . . . . . 170

Quellen und Schrifttum . . . . . . . . . . 187
Namens- und Ortsregister . . . . . . . . . . 191
Karte der Oberpfalz . . . . . . . . . . 197

# Vorwort

Unbekannt ist die Oberpfalz sicherlich nicht. Aber es sind doch schon innerhalb Bayerns, erst recht in Deutschland wenige, die dieses abgelegene Land an der Grenze zur Tschechoslowakei, das zwischen 1329 und 1628 zum Kurfürstentum Pfalz gehörte und deshalb seit 1513 »die obere Pfalz« genannt wird, wirklich kennen. Noch weniger sind es, denen seine heimlichen Schönheiten näher bekannt sind und die von seiner großen Geschichte und reichen Kultur, seiner herben Landschaft und menschlichen Kraft tiefer wissen. Auch für die Oberpfälzer selbst birgt dieses Land viel, das verborgen und nur den Nächsten oder den Kennern vertraut ist. Wie wenig wissen die Regensburger vom Stiftland oder vom Birgland, wie wenig die Neumarkter vom Lamer Winkel, die Kötztinger vom Steinwald!

Die Verborgenheit, in der sich das Unbekannte meist befindet, ist aber auch ein Geschenk: sie gewährt in ihrer Abgeschiedenheit Geborgenheit, so wie das Heimliche anheimelnd wirkt und ein Gefühl des Heimischen gibt. »Es ist Einem an einem Ort haimlich, wenn er die Empfindung des Vertrauten, des Traulichen erweckt«, heißt es im Bayerischen Wörterbuch von Schmeller. Im heimlich Verborgenen, in dem sich das Unbekannte birgt, kann der Mensch geborgen sein und sich daheim fühlen.

In diesem Sinn soll man hier in Wort und Bild Unbekanntem und Verborgenem aus der Oberpfalz begegnen und es als ein Stück des Eigenen erkennen und erleben, ein Gefühl des Vertrauten gewinnen und als Einheimischer oder als Gast oder Freund tiefere Freude an diesem schönen Land erlangen.

Nicht ein Reiseführer ist dieses Buch, sondern zum Betrachten soll es führen, zum Betrachten der Bilder und des Abgebildeten und zum inneren Betrachten der Zusammenhänge, in denen sie stehen, und damit an die Geschichte und Kultur der Oberpfalz heranführen, an deren zeitlichen Ablauf es sich anlehnt.

Manchen wird vielleicht ihm Bekanntes finden, das aber der Mehrzahl doch unbekannt ist. Ein anderer wird ihm Vertrautes vermissen und die

Auswahl willkürlich nennen. In der Tat enthält sie überwiegend nur Exemplarisches, Beispielhaftes, aber gerade indem sie Typisches zeigt, will sie zum Wesen vordringen und auf ihre Weise nicht nur eine Liebeserklärung an die schöne Oberpfalz sein, sondern auch zu Entdeckungsfahrten in sie einladen und zu einem tieferen Erleben dieses Landes und seiner Menschen geleiten.

Dem Verlag danken wir für die Mühe und Sorgfalt bei der Herausgabe und Ausstattung des Buches.

Ernst Emmerig
Wilkin Spitta

# Landschaft

Eine gute Fußstunde weit nordöstlich von Regensburg befindet sich ein Platz, an dem die geologischen Grundstrukturen der oberpfälzischen Landschaft auf einzigartige Weise zusammentreffen: die Tegernheimer Schlucht. An ihrem Eingang liegt eine vielbesuchte Gaststätte, der Tegernheimer Keller, den Georg Britting zum Schauplatz seiner dramatisch verdichteten Erzählung »Der Sturz in die Wolfsschlucht« gemacht hat. Nur wenige Besucher dieses beliebten Ausgangspunktes sommerlicher Wanderungen in die kühle Schlucht und auf die umgebenden Höhen wissen und bedenken wohl, daß sie sich hier an einem geologisch international bekannten und außergewöhnlich interessanten Punkt in Deutschland befinden. Nähert man sich ihm von Süden, von der Donau her, so schiebt sich von Westen der mächtige Rücken des Fellingerberges heran, aus dessen bewaldeten Flanken immer wieder verwitterte Kalkfelsen hervortreten und der am Ende steil in die Schlucht abfällt, während sich im Osten die ruhige, sanft ansteigende Höhe des Mittelberges erhebt, die mit ihrer gleichmäßig schwingenden Höhe für Urgestein typisch ist. So begegnen sich hier im Angesicht der weiten Donauebene, des fruchtbaren Gäubodens oder Dungaus das Erdaltertum und das Erdmittelalter und damit zwei Formationen, die das Landschaftsbild der Oberpfalz nördlich der Donau entscheidend bestimmen.

Aus dem Erdaltertum stammen die kristallinen Gesteine des Grundgebirges aus Granit und Gneis, das sich im Osten mit den weiten Mittelgebirgshöhen des Bayerischen und des Oberpfälzer Waldes, über die der böhmische Wind weht und frühe, strenge und lange dauernde Winter ins Land kommen, wie ein schützender Wall vor das oberpfälzische Land legt, mit seinen westlichen Ausläufern über Nabburg hinaus bis zum Buchberg reicht und im Falkensteiner Vorwald an den Regen herantritt. Seinen vielfach an die Oberfläche tretenden Felsen und Steinen, von denen der Geologische Lehrpfad bei Tännesberg ein eindrucksvolles Bild vermittelt, verdankt die Oberpfalz, daß sie auch »Steinpfalz« genannt wird.

Im Westen bestimmen die vorwiegend kalkigen und sandigen, aber auch tonigen Ablagerungsgesteine des Erdmittelalters die Landschaft. Die karstigen Gebilde des Oberpfälzer Jura, in dem sich manchmal großartige Tropfsteinhöhlen verbergen, wie die »König Otto-Höhle« und die anschließende »Adventshalle« bei Velburg, und dessen bizarre Kalkfelsen aus den Wäldern herausleuchten, verbinden das oberpfälzische Land mit Mittelfranken und begrenzen es zugleich auf der Westseite, reichen nach Osten bis an den unteren Regen heran und treffen in der Tegernheimer Schlucht unmittelbar auf das Urgestein. Weite einsame Höhen, auf denen viel Wacholder gedeiht, wechseln mit tief eingeschnittenen wasserreichen Tälern.
In der Erdneuzeit bildeten sich Senken wie die Bodenwöhrer Bucht und das Schwandorfer Becken sowie die Waldnaab-Wondreb-Senke, die ein Stück der europäischen Wasserscheide zwischen Nordsee und Schwarzem Meer ist. Die Wondreb wendet sich nach Norden zur Elbe, die Waldnaab, durch das wildromantische Tal mit seinen zerklüfteten Felsen im Falkenberger Wald tosend, vereinigt sich nach der Aufnahme der Fichtelnaab und der Schweinenaab mit der Heidenaab zur Naab und fließt zur Donau.
Beide wenden ihren Lauf, wenn auch in entgegensetzter Richtung, vor den Granitbergen des Steinwalds, der die Oberpfalz nach Norden abschließt und seltsame Felsbildungen aufweist mit Namen wie Riesenschüssel, Katzentrögl oder Zipfeltanne. Der aus Holz gefügte Oberpfalz-Turm auf der höchsten Erhebung, der »Platte«, gewährt über diese Berge einen weiten Blick, der ringsum auf dichten Wald trifft.

Schon in der Frühzeit der Geschichte war der ausgedehnte Forst nördlich der Donau, der »Nordwald«, die beherrschende Landschaftsform unseres Gebiets, das nur in den Flußniederungen Siedlungsinseln aufwies. Mit diesem Wald, der dem weiteren Vordringen großen Widerstand entgegensetzte, rangen die ersten Mönche, Burgherren, Bauern und Siedler in ihrem großen Rodungswerk. Noch heute ist es der Wald mit seinen dunklen Tiefen, der das Bild großer Teile der Oberpfalz bestimmt.

*Der Zipfeltannenfelsen, einer der Granitkolosse im Steinwald* 10

Ebenso kennzeichnend sind die stillen Flüsse, die in ihm entspringen, der Chamb, der Regen, die Naab, die Vils, die Lauterach, die Laaber, die alle in die Donau münden. Sie bilden mit ihren Quell- und Nebenflüssen vielfach noch unberührte, von Wiesen und Wäldern eingesäumte einsame Täler von großer Ruhe.

Den Mönchen von einst und der Wiederbelebung in den letzten Jahren verdankt das Land auch manche der vielen, oft im Wald verborgenen, stehenden Wasserflächen, welche die bescheidenen Oberpfälzer »Wei-

*Oberpfälzische Weiherlandschaft beim Fahrenberg; im Hintergrund der Berg mit der Wallfahrtskirche*

her« oder »Teiche« nennen, während man sie anderswo durchaus, selbst wenn sie kleiner wären, als »Seen« bezeichnen würde. Die Weiher, wie der Haidweiher bei Amberg, der Rußweiher bei Eschenbach oder der Gaisweiher zu Füßen der Flossenbürg, dienen dem Wassersport und der Erholung oder, wie der Obersee bei Eschenbach, der Röthelseeweiher bei Cham oder die Charlottenhofer Weiher bei Schwandorf, als Oasen für seltene Vögel. Die Teiche dagegen sind Zuchtstätten für Fische, die früher von den Mönchen als Freitagskost benötigt wurden und auf denen heute der hohe Anteil der Oberpfalz am deutschen Karpfen- und Forellenmarkt beruht. Auf die große wirtschaftliche Bedeutung der Fische für die Menschen geht es auch zurück, daß die Wappen vieler oberpfälzischer Orte einen Fisch enthalten, wie z. B. Eslarn, Nabburg, Etzenricht, Windischeschenbach und Regenstauf.

Ähnliches mag man auch anderswo finden. Nirgends sonst aber gibt es so etwas wie den »Pfahl«, einen Quarzgang, dessen weiße Felsen, wie ein Riff jäh aus dem Boden aufsteigend, von Niederbayern her sich durch die grüne Waldlandschaft nach Cham und Roding ziehen und unterirdisch fortsetzen.

*Die weißen Felsen des »Pfahl«, der, vom Volksmund als »Teufelsmauer« bezeichnet, als teilweise hoch aufragender Quarzgang den Bayerischen Wald durchzieht*

Ebenso selten ist ein Gebilde wie der hohe Felsen aus Rosenquarz in Pleystein, auf dem einst eine Burg stand und heute eine Wallfahrtsstätte, die Kreuzbergkirche, die Pilger anzieht.
Zu den landschaftlichen Besonderheiten der Oberpfalz gehören auch die weißen Berge im Kaolin-Abbaugebiet bei Hirschau und Schnaittenbach, die aus Quarzsand bestehen und den Abraum des Tagebaues aufhäufen. Das dort gewonnene Kaolin wird ebenso wie der wertvolle Feldspat in der Grube Hagendorf bei Waidhaus zur Porzellan-, Glas- und Papierherstellung verwendet und zählt zu den vielen wichtigen Bodenschätzen der Oberpfalz. Auf dem höchsten der Kaolin- bzw. Quarzsandberge bei Hirschau, dem »Monte Kaolino«, kann man auch im Sommer Skifahren. Ein Bad zu seinen Füßen bietet anschließend Erfrischung.
Am überraschendsten und gewaltigsten unter allen Landschaftsformen des Raumes aber sind die Basaltkegel in der nördlichen Oberpfalz, die auf geologische Vorgänge vulkanischer Art zu Beginn der Erdneuzeit zurückgehen, durch welche sie aus dem heißen Erdinneren emporgepreßt wurden und dann erstarrten. Solche Basaltberge sind der Rauhe Kulm, der Armesberg und der Waldecker Schloßberg bei Kemnath. Weithin sichtbar ist der bedeutendste unter ihnen allen, der Parkstein, dessen Südwand ein überwältigendes Zeugnis dieser erdgeschichtlichen Epoche bietet: ein ganzer Wald fünf- und sechseckiger schwarzer Basaltsäulen, hintereinander gestaffelt, die einander überragen und bis zu 30 Meter tief senkrecht in die Erde hinabreichen sollen, aus der sie hervorgestiegen sind.

Überschaut man das ganze dünn besiedelte Gebiet, die Wälder, Flüsse und Bäche, die Berge, Senken und Hochflächen, so ist die Oberpfalz ein ernstes und karges Land, still und weit, einsam und schwermütig, aber von einer bewegenden Schönheit, ein Raum, der dem Menschen immer ein zähes Ringen abforderte, der ihm aber auch Geborgenheit schenkt und das Erlebnis unberührter Natur.

*Basaltsäulen an der Südwand des Parksteingipfels* 14

15

# Verborgene Schichten

Woher stammen die Menschen, die heute diesen Raum bewohnen? Die Herkunft der Oberpfälzer ist nicht weniger ungewiß als die der Baiern insgesamt. Der Gedanke einer Landnahme durch einen aus Böhmen einwandernden großen Volksstamm ist aufgegeben, obwohl der Name Bajuwaren auf Bojohaemum = Böhmen zu verweisen scheint. Man muß wohl davon ausgehen, daß die Baiern, die in der Mitte des 5. Jahrhunderts aus Grabfunden und im 6. Jahrhundert schriftlich faßbar werden, sich aus einer vorkeltischen Urbevölkerung, aus Kelten, aus wenigen Resten verbliebener Römer und romanisierter Kelten und Germanen, vor allem aber aus Angehörigen verschiedener germanischer Stämme zusammensetzten, die nach dem Abzug der Römer das Übergewicht besaßen und durch eine aus Böhmen stammende Gruppe und den politischen Willen eines Herrschergeschlechts zum neuen Stamm geprägt wurden und den Namen erhielten. Unter den Germanen spielten für den Raum der heutigen Oberpfalz die Hermunduren (Thüringer) eine wichtige Rolle und möglicherweise auch die Naristen, mit denen man sogar die spätere Bezeichnung »Nordgau« in Zusammenhang gebracht hat. Besonders bedeutsam aber ist, daß vom 8. Jahrhundert an noch ein starker Anteil von Slawen hinzukam, wie es ihn sonst innerhalb Bayerns nur noch in Oberfranken und geringen Teilen des Bayerischen Waldes in Niederbayern gibt. Diese beteiligten sich, von Osten kommend, wohl in friedlichem Zusammenleben mit den Baiern am Landesausbau, bis sie von diesen aufgesogen wurden.

Aus diesen Zusammenhängen erklären sich einerseits die vorgermanischen Namen, welche die großen Flüsse und Nebenflüsse der Oberpfalz tragen: Naab, Pfreimd, Luhe, Regen, Chamb, Laaber, Sulz, und anderseits die slawischen Bezeichnungen in dem Raum um Pressath und Kemnath sowie der Naab entlang bis Nabburg und hierauf südöstlich zum Chamer Becken, die sowohl kleinere Gewässer tragen wie Schlattein, Creußen, Gleiritsch und viele Zuflüsse mit der Endung auf -itz wie Girnitz, Schirnitz, Döllnitz, Pastritz, als auch Orte wie Pressath, Wirbenz, Beidl, Pfrentsch, Rötz, Premeischl, Teunz, Perschen, Welluck, Teublitz, Hohentreswitz. Dazu kommen die germanischen Ortsnamen, vor allem die Bezeichnungen auf -ing, die aus den Eigennamen adeliger Grundherren gebildet sind und der ältesten Siedlungsbewegung zugerechnet werden.

Aber nicht nur die Sprache, auch die Erde birgt Schichten, die Elemente der Vergangenheit bezeugen, die auf eine unterschwellige Weise vielleicht bis heute die Substanz bestimmen. Sie sind, wo sie sich gerade fanden, ausgegraben, dokumentiert, aber meist nicht mehr sichtbar. Daß Kallmünz ein bedeutender Mittelpunkt frühen, bis in die Keltenzeit und noch weiter zurück reichenden Lebens und Herrschens war, ist noch jetzt an den großen Rundwällen auf dem Schloßberg rings um die Burgruine zu sehen. Sie waren schon um 1200 v. Chr. Ziel kriegerischer Angriffe und der Schloßberg war, wie Funde ausweisen, schon in der jüngeren Steinzeit um 2000 und bis ins 4. Jahrhundert v. Chr. besiedelt. Eine Bestätigung erhielt dieser Befund, wenn auch die tieferen Zusammenhänge bis heute nicht klar sind, in dem Gräberfeld, das zwischen 1962 und 1975 bei Schirndorf freigelegt wurde. Hier fanden sich über 160 Gräber auf dicht gedrängtem Raum, zum geringeren Teil Urnengräber aus der Zeit zwischen 1200 und 800 v. Chr., überwiegend Hügelgräber aus der Hallstattzeit (800–450 v. Chr.). Diese enthielten im Kern die Grabkammer, die von einem starken und breiten Steinmantel umgeben war, dem ein Erdmantel folgte, der von einem Kranz aus aufrecht stehenden Steinplatten abgeschlossen wurde. Die Grabkammern bargen die Reste sowohl von Brand- wie von Körperbestattungen, Gebeine, aber auch keramische Beigaben wie Schalen und Scherben von Gefäßen sowie Messer, Fibeln, Nadeln und Ringe aus Bronze oder Eisen; einige enthielten auch Schwerter. Am Rande zweier Tonschalen befanden sich sogar je zwei kaum fingerlange Menschenfiguren. So wurde in dieser Anlage, deren Gräber auch deutlich von unterschiedlicher Größe und Ausstattung waren, wohl das früheste Zeugnis eines von sozialer Schichtung und rituellen Normen geprägten Volkes in der Oberpfalz gefunden.

*Grabkammer eines Hügelgrabs aus der Hallstattzeit bei Schirndorf (Ausgrabung 1965); links ein Bronzeschwert, rechts Scherben von Gefäßen*

Mindestens 1200 Jahre jünger als die Schirndorfer Hügelgräber, aber immer noch ihrerseits etwa 1300 Jahre alt sind die Gräber des größten frühbaierischen Reihengräberfeldes auf den Geißäckern bei Lauterhofen (LKr. Neumarkt i. d. OPf.), die ab 1954 bis 1960 ausgegraben wurden. Sie waren nicht unregelmäßig wie in Schirndorf, sondern in neun mehr oder weniger deutlichen Reihen angeordnet und umfaßten nicht weniger als 91 Gräber, von denen über die Hälfte reiche Beigaben enthielt und dadurch eine Geschlechtsbestimmung der meist schlecht erhaltenen Skelette ermöglichte. Auch diese Grabanlage befindet sich an einem bedeutenden historischen Ort, der ursprünglich ein bajuwarischer Stützpunkt an der Westgrenze des Stammesgebiets gegen die Franken, später, nach deren Ausgreifen nach Osten, der fränkische Königshof Lauterhofen war, der in einer wichtigen karolingischen Urkunde von 806 genannt ist.

Sind die beiden Gräberfelder in Schirndorf und Lauterhofen nicht nur für den heutigen Betrachter unsichtbar, sondern auch nach der Ausgrabung und Dokumentierung völlig beseitigt, so befindet sich in der nördlichen Oberpfalz eine kleine Gräbergruppe, die heute noch durch ein Gedenkzeichen hervorgehoben ist. Auf der gemeindlichen Hutweide Marterrangen bei Eichelberg zwischen Pressath und Parkstein wurden 1957 schon länger bekannte frühgeschichtliche Gräber, die durch den Bau eines Wirtschaftsweges gefährdet waren, geöffnet. Es fanden sich neben einer Sammelstelle ungeordneter menschlicher Knochenreste sechs Tote von stattlicher Größe mit einigen Beigaben aus Bronze und Eisen, die wohl aus späterer Zeit stammen als die Lauterhofener Anlage. Zur Erinnerung an diese Begräbnisstätte wurde inmitten des Gräberfeldes eine moderne »Lichtsäule« errichtet, eine Totenleuchte, die das Andenken an diese frühen oberpfälzischen Vorfahren lebendig erhält, wie das schon bisher, aber dem Besucher nicht erkennbar, ganz in der Nähe eine uralte Totenlinde getan hatte, deren Äste eine Reihe von Totentafeln tragen und in deren Schatten eine kleine Kapelle steht, »Maria unter der Linde«.

Während so in der nördlichen Oberpfalz die frühe Form der Bestattung in Reihengräbern außerhalb der Wohnsiedlung noch verhältnismäßig spät auftritt, vollzog sich im Regensburger Raum, dem Ausgangspunkt der Christianisierung und dichteren Besiedlung des Landes, schon viel eher der Übergang zu einer neuen Art der Bestattung: die Begräbnisstätten wurden in den Schutz der Pfarrkirchen auf die »Kirchhöfe« verlegt. Ein eindrucksvolles Beispiel kam bei den Erdarbeiten für die Kläranlage der Stadt Regensburg westlich von Barbing ans Licht. Es zeigte sich der völlig unzerstörte Grundriß einer Saalkirche mit quadratischem Chor, wie sie auch als erste Kirche am Platz des Niedermünsters in Regensburg festgestellt worden ist. Im Westen der Kirche waren viele Tote in geringer Tiefe unter der Erdoberfläche bestattet. Am bevorzugten Platz um den Chor dagegen, im Schutz des Altars, befanden sich tiefe Schachtgräber, in denen ohne irgendwelche Beigaben die völlig erhaltenen Skelette großer, stattlicher Menschen lagen, die an die Beschreibung der Baiern durch Arbeo in der Lebensbeschreibung des hl. Emmeram aus der zweiten Hälfte des 8. Jahrhunderts erinnern, der die Männer »hochgewachsen und kraftvoll« nennt. Offenbar handelte es sich hier um Angehörige der Führungsschicht. Östlich anschließend fanden sich die Spuren eines geschlossenen, fast

quadratischen Viereckhofes, anscheinend eines Adels- oder Meierhofes, zu dem die Kirche gehörte, sodaß diese Gebäude aus dem 9. Jahrhundert ersichtlich der Mittelpunkt einer bajuwarischen Siedlung waren, die später im benachbarten Barbing und im Kreuzhof aufging.

Stärker als der Wandel in den äußeren Bestattungssitten, der sich in der Entwicklung der Begräbnisstätten an den Beispielen von Schirndorf über Lauterhofen und Eichelberg zu Barbing abzeichnet, war der tiefgreifende Umbruch der inneren religiösen Überzeugungen, der mit der Ausbreitung des Christentums einherging. Indessen halten sich gerade im Bereich des Totenkults alte Bräuche und urtümliche Vorstellungen oft sehr lange, sodaß es vielleicht über Jahrhunderte hinweg zu einem Nebeneinander heidnischer und christlicher Ausdrucksformen kommen konnte. Dafür scheinen rätselhafte, in der Erde verborgene Anlagen zu sprechen, die sich vom Elsaß über Süddeutschland bis Ungarn, in besonderer Häufung aber im Weinviertel in Niederösterreich und in der Oberpfalz, im Bayerischen und Oberpfälzer Wald, finden. Es handelt sich um die sogenannten Schrazellöcher oder Erdställe, von Menschenhand angelegte unterirdische Gänge und Kammern, so niedrig, daß man sich in ihnen nicht aufrecht bewegen kann und keine zwei Menschen nebeneinander Platz haben, untereinander durch enge senkrechte Schlupflöcher oder waagrechte Schliefröhren verbunden, die zuweilen durch Steine verschlossen werden können, vielfach verwinkelt, auch auf mehrere Stockwerke verteilt, mit rußgeschwärzten Lichtnischen versehen und am Ende zu einer geheimnisvollen Schlußkammer führend. Der Volksglaube, auch alte Sagen und Ortsnamen bringen sie in einen Zusammenhang mit Zwergen, den geisterhaften Wesen. Das könnte dafür sprechen, daß diese heimlichen, meist mit Bauernhäusern verbundenen Anlagen, deren unterirdische Herstellung ein außerordentliches Maß an Aufwand und Mühe erfordern mußte und die so schwer zugänglich waren, religiöse Bedeutung hatten und als Sitze von Totengeistern, als Heimstätten der Geister der Ahnen galten und einem Totenkult dienten. Rechnet man mit ihrer Entstehung in der heidnischen Zeit der Germanen und

21 *Lichtsäule auf dem frühgeschichtlichen Gräberfeld in dem Marterrangen bei Eichelberg*

*Bajuwarisches Grab an der Apsis einer ehemaligen Kirche des 9. Jahrhunderts in der Nähe der Kreuzhofkapelle bei Barbing (Ausgrabung 1976)*

*Schliefröhre mit davorliegendem Schlußstein im Schrazelloch in Rabmühle bei Stamsried*

bedenkt den nachgewiesenen Zusammenhang mit den frühen germanischen Siedlungen, aber auch in nicht wenigen Fällen die Verbindung mit sehr alten christlichen Kirchen, die an der Stelle früherer heidnischer Heiligtümer errichtet zu werden pflegten, und bezieht die Tatsache mit ein, daß solche Schrazellöcher, wie die spärlichen Tonscherben- und Knochenfunde ergeben, noch im 13. Jahrhundert verwendet wurden, so spricht das für ein mit der Siedlungsbewegung verbundenes langes Fortdauern uralter heidnischer Totenbräuche bis ins christliche Mittelalter hinein. Über achtzig solcher Schrazellöcher wurden bisher in der Oberpfalz festgestellt, unter denen die Rabmühle bei Stamsried und die Anlagen im Götzelhof (Gemeinde Rimbach) und in Eidengrub (Gemeinde Michelsneukirchen), aber auch manche anderen, vom Keller eines Hauses aus, noch begehbar sind.

Von ganz anderer Art, mitten in die große Geschichte führend, aber ebenfalls in die Anfänge des Christentums in unserem Raum zurückreichend, ist einer der interessantesten Funde in der ersten baierischen Hauptstadt Regensburg selbst. Bei der Freilegung des Ostteils der Mauer des römischen Legionslagers castra regina am Dachauplatz wurden zwei auf der Innenseite in die gewaltigen Mauerquadern eingefügte Gräber entdeckt. Sie gelten als Grabstätten von Fürsten der Agilolfingerzeit, die hier mit kostbaren Beigaben an hervorragender Stelle im Schutz der Mauer bestattet wurden. Darauf weist auch die Nachricht des Mönchs Notker der Stammler von St. Gallen aus der Mitte des 9. Jahrhunderts hin, wonach beim Niederreißen der alten Stadtmauer in Regensburg, das Ludwig der Deutsche anordnete, um Steine für den Bau seiner Pfalzkapelle, der »Alten Kapelle«, zu gewinnen, in Nischen bei alten Gräbern so viel Gold gefunden worden sei, daß man nicht nur die Kirche, sondern auch ganze Bücher mit fingerdickem Gold ausstatten konnte. Es handelt sich um dieselbe »Alte Kapelle« am Alten Kornmarkt, an deren Portal die beiden archaisch anmutenden Steinfiguren angebracht sind, die nach der Legende die Taufe des Agilolfingerherzogs Theodo durch den hl. Rupert darstellen.

25 *Steinfiguren am Nordportal der Alten Kapelle in Regensburg (um 1200), nach der Überlieferung Darstellung der Taufe Herzog Theodos durch den hl. Rupert*

# Regensburgische Ausstrahlungen

Eine Stadt, deren Kern ein römisches Legionslager ist, dessen Befehlshaber, der legatus legionis, zugleich als Statthalter (propraetor) der Provinz Raetien der Zivilgouverneur war, – eine Stadt, die seit 739 Bischofssitz ist, die seit dem 6. Jahrhundert baierische Herzogs- und Hauptstadt, dann auch Stätte einer karolingischen Kaiser- und Königspfalz und so einer der Mittelpunkte des Reiches war, später freilich nur mehr Freie Reichsstadt und insofern ein Platz, an dem keine Territorial- und Herrschaftsgewalt über die Stadt hinaus ausgeübt wurde, die aber dann zur Stadt der Reichstage und damit »vom Repräsentationsgedanken her die eigentliche Hauptstadt des Reiches mit seiner Kollektivsouveränität von Kaiser und Reichstag« (Bosl) wurde – eine solche Stadt, die überdies zu den bedeutendsten Fernhandelsstädten des frühen Mittelalters gehörte, hat natürlich vielerlei Ausstrahlungen. Das mögen die Handelsbeziehungen bis nach Kiew und in die Bretagne sein, der Vorsitz im Fondaco dei Tedeschi, dem Haus der deutschen Kaufleute, in Venedig oder das Gewicht Regensburgs als Herrschaftssitz, zu dem 845 vierzehn böhmische Fürsten kamen, um sich taufen zu lassen, 866 Gesandte der Bulgaren, 872 und 873 Abgesandte des griechischen Kaisers, 966 der Gründer Polens, Mieszko I., zur Taufe und 1576 eine große russische Gesandtschaft aus Moskau.

Nicht um diese weitreichenden Wirkungs- und Anziehungskräfte im Lauf der Jahrhunderte soll es hier gehen, sondern um Spuren und Zeugnisse früher Wirkungen in der Oberpfalz selbst.
Regensburg war der Ausgangspunkt der großen Siedlungsbewegung, die unter den Agilolfingern begann und die weiten, nur wenige Siedlungsinseln bergenden Räume des »Nordwalds« längs der Flüsse Regen, Naab und Vils sowie das Juragebiet durch Rodung und Gründung von Niederlassungen erschloß, ein Werk, das sich bis ins 13. Jahrhundert hinzog und nach den frühen -ing-Orten, später in den Ortsnamen auf -hausen, -hofen sowie den Rodungsnamen auf -reut, -ried, -rieth, -richt und -grün seinen Niederschlag fand.

Diesem Vordringen der Siedlungs- und Rodungsbauern, später des von den Herzögen und Königen eingesetzten Dienstadels, der Ministerialen, folgte die Kirche. Dabei spielten in unserem Raum zwei Gestalten eine besondere Rolle: der hl. Emmeram, der Missionsbischof aus der zweiten Hälfte des 7. Jahrhunderts, über dessen von einer Ringkrypta umgebenen Grab in Regensburg die Basilika und das Benediktinerkloster errichtet wurden, geistiger und geistlicher Mittelpunkt der frühmittelalterlichen Stadt, und der ebenfalls in der Emmeramskirche begrabene Diözesanpatron, der heilige Bischof Wolfgang aus dem 10. Jahrhundert. So läßt sich die kirchliche Wirkung Regensburgs in jener Zeit an den Kirchen mit den entsprechenden Patrozinien ablesen. Kirchen des hl. Emmeram, der unter Arnulf von Kärnten Reichspatron war, gibt es in Oberköblitz, Waidhaus, Windischeschenbach, Leonberg bei Tirschenreuth (später in Leonhard umgewandelt) und Münchenreuth. Kirchen mit dem Wolfgangspatrozinium, zum Teil aus späterer Zeit, stehen u. a. in Haibühl, Matting, Eilsbrunn, Heitzenhofen, Dürnsricht, Glaubendorf, Atzmannsricht und Etterzhausen.
Der vielleicht wichtigste Ausgriff Regensburgs nach Osten, der zugleich kirchlichen und weltlichen Charakter hatte, vollzog sich in der Mitte des 8. Jahrhunderts: die Gründung von Chammünster, der »cella apud Chambe«, einer klösterlichen Niederlassung in der Nähe des damaligen Dorfes Chamb, des späteren Altenstadt, durch das Benediktinerkloster St. Emmeram. Damit war an einem beherrschenden Punkt der Cham-Further Senke und Völkerbrücke nach Böhmen, nahe der späteren Reichsburg, dem Mittelpunkt der »Mark Cham«, ein Vorposten zur Missionierung des jenseitigen Landes und zur Betreuung der vorhandenen Siedlung geschaffen worden, an einem Platz, der auch verkehrsmäßig und militärisch von höchster Bedeutung war und dies im Grunde bis heute geblieben ist. Durch diese Lage erhielt die Emmeramer Gründung und ihre Ausstattung mit reichem Grundbesitz durch den Agilolfingerherzog Odilo besonderes Gewicht. Als frühestes Zeugnis der im ganzen Bistum besonders angesehenen Kirche Cham-

*S. 28: Romanischer Taufstein um 1200 in der Kirche von Chammünster mit Christus und den Aposteln, dazwischen Blätter*

*S. 29: Christus in der Mandorla unter Heiligen im Karner von Perschen (12. Jahrhundert)*

münster, die zum kirchlichen Mittelpunkt des Landes zwischen Blaibach und Schönthal und zwischen Furth im Wald und Untertraubenbach wurde, hat sich der romanische Taufstein aus der Zeit um 1200 erhalten.

Zu den ältesten Pfarrkirchen der Oberpfalz gehört auch Perschen bei Nabburg. In der monumentalen Gestalt ihrer doppeltürmigen Basilika hoch über dem Ostufer der Naab und dem ihr beigestellten Karner zeigt sich gleichfalls die weitreichende Wirkung der Regensburger Kirche. Die Urpfarrei Perschen wurde 1160 dem Regensburger Domkapitel inkorporiert und das führte dazu, daß bedeutende Regensburger Kräfte für den Bau und die Ausstattung der Kirche herangezogen wurden. Darauf ist vor allem die romanische Innenbemalung des Karners zurückzuführen, die in der Kuppelmitte die Muttergottes, darunter über der Apsis Christus in der Mandorla und dann zwei Reihen Bilder von Engeln und Heiligen zeigt, eine hochwertige Darstellung, die in Zusammenhang mit der gleichzeitigen Regensburger Buchmalerei gesehen wird.
Es war ein glücklicher Gedanke, an diesem Platz, einem der ehrwürdigsten der Oberpfalz, im Edelmannshof, dem alten Pfarrhof, dessen Gebäude seit der Verlegung des Pfarrsitzes 1421 nach Nabburg landwirtschaftlich genutzt wurde und 1605 seine heutige Gestalt als Bauernhof erhielt, das Oberpfälzische Bauernmuseum einzurichten. Mit seinen baulichen Anlagen und Räumen, Möbeln und Gebrauchsgegenständen überliefert es für die Zukunft ein Zeugnis der alten bäuerlichen Kultur, die fast bis zur Gegenwart die tragende wirtschaftliche und menschliche Kraft dieses Raumes war. Weitere bäuerliche Haustypen, Einrichtungen und Geräte wird das Freilandmuseum zeigen, das der Bezirk im benachbarten Neusath errichtet.

*Deckengemälde von 1796 in der barockisierten St. Emmeramskirche in Münchenreuth bei Waldsassen: Krönung und Aufnahme des hl. Emmeram in den Himmel; darunter Ansicht von Regensburg mit Steinerner Brücke und Stadtamhof*

31

Ein besonders eindrucksvoller Beweis der anhaltenden Ausstrahlungskraft Regensburgs nicht nur als Bischofssitz, sondern als Stadt mit ihren Denkmälern und Bauten ist aber die Emmeramskirche in der nördlichsten Gemeinde der Oberpfalz, in Münchenreuth, das jetzt zur Stadt Waldsassen gehört. In dieser Kirche mit dem schönen stiftländischen Zwiebelturm, die auf einen romanischen Bau des Waldsassener Abtes Daniel aus dem Ende des 12. Jahrhunderts zurückgeht und deren gotische Gestalt 1689 barockisiert wurde, zeigt das Deckengemälde von 1796 zu Füßen des hl. Emmeram, der gekrönt und in den Himmel aufgenommen wird, die Steinerne Brücke von Regensburg, wie sie sich über den Donaufluß spannt und die alte Stadt Regensburg mit den noch unvollendeten Domtürmen mit Stadtamhof verbindet! Das gehört wohl zu den erstaunlichsten Zeugnissen der Fernwirkung dieser Stadt in den ländlichen Raum der Oberpfalz, deren Hauptstadt sie damals gar nicht mehr war.

# Urpfarreien und Karner

Perschen, Chammünster – das sind oberpfälzische Urpfarreien, die der ersten seelsorglichen Betreuung der Menschen des neubesiedelten oder erst noch zu erschließenden Raumes dienten und auf lange Zeit hinaus das Grundgerüst der kirchlichen Organisation bildeten, wie das die Synode von Neuching 771 vorschrieb.
Die Kirche von Perschen, dem Ort mit dem frühen slawischen Namen, war lange die Pfarrkirche für Nabburg und Pfreimd; Chammünster war der Pfarrsitz für das ganze Chamer Becken und den anschließenden Raum. Bei beiden befindet sich ein Karner und damit ein zusätzlicher Hinweis auf das hohe Alter dieser kirchlichen Mittelpunkte.
Karner oder Beinhäuser, die sich vor allem im bayerisch-österreichischen und böhmischen Raum erhalten haben, dienten im frühen Mittelalter der Aufnahme der Gebeine von Toten, deren Gräber auf den kleinen Friedhöfen für die Bestattung neuer Verstorbener gebraucht wurden. Sie waren, wie heute noch zu sehen ist, zweigeschoßig. Das Untergeschoß, die Gruft, die einen eigenen Zugang hatte, nahm die Gebeine auf; das obere enthielt eine Kapelle, die häufig dem hl. Michael, dem »Seelenführer«, geweiht war.
Der Karner von Chammünster, der zum rechteckigen Typ gehört, trägt jetzt über der Gruft, in der sich noch Schädel sowie Arm- und Beinknochen befinden, anstelle der früheren Kapelle ein neues Leichenhaus.
Rechteckig ist auch der bedeutende und stattliche Karner von Pfaffenhofen bei Kastl zu Füßen der Schweppermannsburg, gleichfalls einer Urpfarrei und eines frühen, bis 1825 erhaltenen überörtlichen Gerichts- und Verwaltungssitzes, mit einem seltenen romanischen Stuck und spätgotischen Wandmalereien im Innern.
Noch eindrucksvoller sind die Rundkarner. Die geschlossene, gelegentlich mit einer Apsis versehene romanische Rotunde, deren halbkugelige Kuppel ein Kegeldach deckt, vermittelt auf kleinem Raum ein bedeutendes Zeugnis der Baukunst und des Stils jener Zeit.

*Rechteckiger Karner bei der Pfarrkirche von Pfaffenhofen bei Kastl*

Der wohl schönste oberpfälzische Karner, der zur Urpfarrei Perschen gehört, ist durch seinen Freskenschmuck noch besonders ausgezeichnet. Daß er im Volksmund einst »Hussenturm« hieß, läßt erkennen, wie tief sich die Hussitenstürme den Oberpfälzern eingeprägt haben.

Nicht weit von Perschen steht der Karner von Rottendorf am steilen Hang eines Friedhofs. Sein Obergeschoß trägt an der Außenmauer ein Vesperbild von 1421 mit einem waagrecht liegenden Christus, eine der reifsten Leistungen der bäuerlichen Gotik, an dem vor allem das aufwärts gerichtete Gesicht der Maria mit seinem gesammelten Ernst ergreift. Auch dieses Beinhaus gehört zu einer Urpfarrei mit alten Begräbnisrechten.

*Gotisches Vesperbild am Karner von Rottendorf*

Die meist sehr weiträumigen Urpfarreien, die erste kirchliche Gliederung innerhalb des Bistums, deren Abgrenzung sich nach den örtlichen Verhältnissen und der Entwicklung der Siedlungen richtete, besaßen das Tauf- und Beerdigungsrecht und ein Zehentrecht auf alle Güter innerhalb der Pfarrei. Zu den Urpfarreien gehören neben den schon erwähnten Chammünster, Pfaffenhofen, Perschen und Rottendorf u. a. Roding, Möning, Pölling, Schlicht, Vilshofen, Pittersberg, Aschach, Allersburg, Schwarzhofen, Luhe, Neunkirchen, Altenstadt/Waldnaab, Floß, Mockersdorf, Windischeschenbach, Pressath, Beidl, Wondreb und Tirschenreuth.

In Roding befindet sich als ältestes kirchliches Bauwerk der zweigeschoßige Zentralbau der Josefi-Kapelle mit spätromanischen und frühgotischen Wandmalereien, der sicherlich kein Karner war, im übrigen aber in seiner Bedeutung als vorromanische Taufkapelle oder Pfalzkapelle des 844 genannten fränkischen Königshofs noch nicht hinreichend geklärt ist, auf jeden Fall aber eines der bedeutendsten Zeugnisse jener frühen Zeit darstellt.

Mit zunehmender Siedlungsdichte entstanden im Bereich der Urpfarreien Filialkirchen, die später vielfach zu selbständigen Pfarreien erhoben wurden. Verfolgt man den weiteren Weg durch die Jahrhunderte, so ist auffällig, daß viele der ältesten Pfarrsitze zunehmend an Bedeutung verloren, die weitere siedlungsmäßige und wirtschaftliche Entwicklung, begründet durch andere grundherrschaftliche Verhältnisse und Ausbaumaßnahmen, an ihnen vorbei ging, sich an anderer Stelle vollzog und sich damit auch der kirchliche Mittelpunkt verlagerte: von Chammünster nach Cham, von Altenstadt bei Vohenstrauß nach Vohenstrauß, von Perschen nach Nabburg, von Schlicht nach Vilseck, von Paffenhofen nach Kastl, von Neunkirchen nach Weiden, von Altenstadt an der Waldnaab nach Neustadt. Gehalten haben sich in ihrem eigenständigen Gewicht Roding, Schwarzhofen, Luhe und Floß. Viele andere haben keinerlei zentrale Bedeutung mehr. So besteht die Geschichte immer wieder aus Auf und Ab, aus Kommen und Vergehen.

*Freskomalereien in der Josefikapelle zu Roding: oben hl. Pankratius, hl. Johannes der Evangelist, unbekannter Heiliger, hl. Gallus, hl. Margarete, hl. Katharina (frühgotisch); unten die Apostel Petrus und Andreas beim Fischfang (spätromanisch)*

# Frühe Zeugnisse der weltlichen Gewalt

In einer der Urpfarreien, in Luhe, das 900 erstmals erwähnt ist, einen der ersten Stützpunkte der kirchlichen Organisation dieses Raumes darstellt und seit dem 13. Jahrhundert an der Kreuzung der Magdeburger Straße, einer großen Heer- und Handelsstraße, mit der von Westen kommenden »Hochstraße« ein bedeutender Markt war, findet sich nahe der Kirche ein eigentümliches frühes Zeugnis der weltlichen Gewalt. Geht man durch den sogenannten Hussitenturm am Marktplatz zur Pfarrkirche, so sieht man an der niedrigen Mauer, die den Kirchweg einfaßt, zur linken Seite einen Stein mit einem riesigen Schwert als Relief.

*Relief eines Richtschwerts im Kirchhof von Luhe*

39 *Romanische Wandmalerei in der Kirche von Prüfening in Regensburg: der hl. Petrus verleiht die beiden Schwerter der geistlichen und der weltlichen Gewalt.*

Das Schwert ist Zeichen der Macht und Gewalt. Bekannt ist der Streit um die Zweischwerterlehre, die schon Papst Gregor VII. im Investiturstreit und vor allem Papst Bonifaz VIII. im Jahre 1302 in der extremen Form vertraten, daß die Kirche, verkörpert durch den Papst, von Gott beide die Welt regierenden Gewalten erhalten habe und nicht nur das geistliche Schwert selbst führe, sondern auch über das weltliche Schwert verfüge, das der Kaiser erst vom Papst empfange. Dagegen wurde im Sachsenspiegel und in der kaiserlichen Politik die Gleichordnung von Staat und Kirche vertreten, wonach beide Schwerter von Gott stammen und Christus das eine dem Papst, das andere dem Kaiser gegeben habe. Der Anspruch der Kirche auf die ganze, in den zwei Schwertern ausgedrückte Machtfülle und auch auf die Vergabe aller irdischen Gewalt hat seine älteste bildliche Darstellung in der Klosterkirche von Prüfening bei Regensburg in einer der berühmten romanischen Wandmalereien aus der Mitte des 12. Jahrhunderts, am nordöstlichen Vierungspfeiler, gefunden, wo der namentlich bezeichnete Petrus als Repräsentant der Kirche im Gewand des Papstes beide Schwerter in Händen hält und eines davon seinem Nachfolger, das andere dem Kaiser überreicht.
Unabhängig von diesem weltpolitischen Streit um die Zweischwertertheorie ist das Schwert in Luhe jedenfalls ein Zeichen für die weltliche Gewalt, die in der Gemeinde ausgeübt wurde: der 1270 dem Markt verliehenen Halsgerichtsbarkeit, dem Recht, auch schwere Straftaten abzuurteilen.

Dieses Schwert kann aber zugleich als Symbol der frühen weltlichen Herrschaftsverhältnisse im Raum der Oberpfalz stehen. Inhaber der Herrschaftsgewalt waren unter und neben dem Herzog die adeligen Grundherren. Sie waren Träger der Rodung und boten innerhalb des für die damalige Zeit charakteristischen personalen Herrschaftsverbandes den Angehörigen dieser Siedlungs- und Wirtschaftsgemeinschaft Führung, Schutz und Gerichtsbarkeit. In der Oberpfalz waren es vor allem die Diepoldinger, denen im 11. und 12. Jahrhundert die Marken Cham und Nabburg gehörten, und die Grafen von Sulzbach-Habsberg-Kastl sowie die Ministerialen dieser Geschlechter, des Her-

*Ruine der Burg »Haus Murach« in Obermurach*

zogs oder des Bischofs oder die Reichsministerialen, also Angehörige des Lehens- und Dienstadels, die ursprünglich dem alten Hochadel, den »Edelfreien«, bewaffnete Reiterdienste oder auch Hof- und Verwaltungsdienste leisteten und dafür Grund und Boden als Lehen erhielten.

Von ihnen zeugen bis heute die Burgen, an denen die Oberpfalz so reich ist wie kaum ein anderer Teil Deutschlands. Sie waren der schützende Mittelpunkt dieser kleinräumigen Herrschaften des Ritteradels, in die sich das Land gliederte. Als solche waren sie nicht nur Ausgangspunkte der Besiedelung, sondern wurden bald auch Schwerpunkte des Verkehrs und des Handels und nicht selten entwickelten sich in ihrem Schutz Orte, die später zu Märkten und Städten wurden, wie etwa bei den frühen Reichsburgen Nabburg, Neunburg vorm Wald und Cham, aber auch in Sulzbach, Burglengenfeld, Parsberg, Waldmünchen und Leuchtenberg, das heute die bedeutendste Ruine der Oberpfalz ist. Manche freilich blieben auch einsame Stätten, in deren Bannkreis nicht mehr als ein kleines Dorf bestand und das geschah z. B. bei der Burg Murach trotz ihrer späteren großen Bedeutung als Sitz eines Pflegamts bis 1803.

Was die oberpfälzischen Burgen in ihrer Baugestalt kennzeichnet und als typisch altbayerisch erscheinen läßt – im Gegensatz zu den spitzgiebeligen fränkischen Burgen – ist ihr Aufbau aus würfelförmigen Blökken, mit denen sie sich in Geschlossenheit und Wehrhaftigkeit erheben, wie dies besonders deutlich die Ruine des »Haus Murach« in Obermurach aus dem 13. Jahrhundert zeigt.

Diese Burg spielte wie auch viele andere in den Kämpfen mit den Hussiten eine bedeutende Rolle und widerstand diesen. Das schildert anschaulich ein zeitgenössisches Lied aus dem Jahr 1433. Dort heißt es über die Hussiten:

»Sie zogen gen Murach für das hauß,
Man schoß und wurff zu ihnen herauß,
Mit büchsen und mit pfeilen,
So daß die bösen Husserern
Von dannen musten eilen.«

*Der auf Granitfelsen hoch ausgesetzte Wohnturm der Ruine Flossenbürg; in der Ferne der Markt Floß*

43

Weitere Beispiele der zahlreichen Oberpfälzer Burgen als Herrschaftssitze sind Wolfsegg und das schön renovierte Falkenstein, in dem heute Schloßfestspiele stattfinden, ferner Wernberg und Falkenberg, das Graf von der Schulenburg, deutscher Botschafter in Moskau, 1934 instandsetzte, Hof am Regen mit dem dreistöckigen romanischen Kapellen- und Wohnturm und, durch ihre schwindelerregende Lage hoch auf einem Kegel aus Schalengranit besonders eindrucksvoll, die Burg Flossenbürg. Kurz nach 1100 von Graf Berengar von Sulzbach erbaut, war sie lange im Besitz der Staufer, wurde nach mancherlei Schicksalen 1634 durch die Soldaten Bernhards von Weimar in Brand gesteckt und ist heute eine mächtige Ruine mit weitem Blick. Mit ihrem Namen mahnt sie düster an das traurige Zeugnis unserer jüngsten Vergangenheit, das nationalsozialistische Konzentrationslager in ihrer Nähe, das heute zu einer würdigen Gedenkstätte umgestaltet ist.
Nahe der Burg liegt der tausendjährige Markt Floß mit dem schönen, durch einen roten Adler gezierten alten Brunnen und seinem modernen Rathaus beim ehemaligen Pflegschloß.

Aus der Fülle der oberpfälzischen Burgen, Burgruinen und Burgställe, die auf die weltliche Organisation des Raumes im frühen und hohen Mittelalter verweisen, ragen zwei durch ihre auch für ganz Bayern seltene Besonderheit hervor.
In Loch bei Eichhofen im Laabertal befindet sich eine der beiden Höhlenburgen Bayerns. Von dieser Anlage aus dem 12. Jahrhundert steht nur der runde viergeschoßige Bergfried als mächtiger Turm im Freien; die Wohnbauten waren in den natürlichen Höhlenraum im Berg eingefügt.
Ein außergewöhnliches Bauwerk auf aussichtsreicher Höhe ist die zweigeschoßige romanische Burgkapelle der ehemaligen Doppelburg Breitenstein bei Königstein aus dem 12. Jahrhundert. Der hohe, schmale, aus schweren Steinen gefügte Bau mit seiner Rundapsis besteht aus zwei übereinanderliegenden Kapellen, einem niedrigen gewölbten, kryptaartigen Raum mit eigenem Zugang unten und einer

*Bergfried und Eingang der Höhlenburg Loch bei Eichhofen im Labertal*

*S. 46: Zweigeschoßige romanische Burgkapelle in Breitenstein bei Königstein*

*S. 47: Geschlechtertürme in der Keplerstraße in Regensburg*

*S. 48: Klettnerturm in Tirschenreuth, ein Rest der alten Stadtbefestigung*

*S. 49: Das Wünnenberghaus von 1598 in Vilseck mit dem sogenannten »Lola Montez-Erker«*

B. Gleißner

hohen flachgedeckten Kapelle oben, zu der eine eigene Freitreppe hinaufführt. Beide sind durch einen schrägen Lichtschacht verbunden.

Wie vom 13. Jahrhundert an im sozialen Gefüge das Schwergewicht von den Rittern als tonangebender Schicht auf die Bürger überging, so verlagerte sich der architektonische Akzent, den die romanischen und gotischen Burgen auf beherrschender Bergeshöhe der oberpfälzischen Landschaft bis heute geben, auf die Baugestalt der Städte und Märkte. Am eindrucksvollsten und einmalig in ganz Deutschland tritt das in den Stadtburgen von Regensburg in Erscheinung. Die Geschlechtertürme dieser Stadt, die sich mit glatten Mauern und kubischen Baukörpern mächtig über die Dächer der übrigen Altstadt erheben, verkörpern das Selbstbewußtsein des neuen Stadtadels, der aus dem Fernhandelspatriziat entstanden war und nun ebenbürtig neben den landsässigen Adel trat. Sie dienten dem Wohnen, vor allem aber auch Repräsentations- und Prestigebedürfnissen.
Die gleiche Baugestalt hoher und schwerer gedrungener Festigkeit tritt im Klettnerturm am Eingang zur Stadt Tirschenreuth, einem Rest ihrer Befestigungsanlage aus dem Anfang des 14. Jahrhunderts, und in den Türmen aus dem 13. Jahrhundert entgegen, die zusammen mit dem geschlossenen Mauerring und den Wehrgängen die urtümliche Stadt Berching schützen, sowie in den Mauern, Türmen und Toren der »festesten Fürstenstadt« Amberg.

So prägt dieser Baustil mit Burgen und Stadttürmen und -wehren das Bild des Landes. In Vilseck mit seinen beiden alten Burgen erinnert das Vogeltor mit seinem hohen Turm an diese Zeit. In seiner Umgebung führt ein hübscher alter Erker aus dem Jahr 1598 an einem der Bürgerhäuser auf unerwartete Weise bis ins 19. Jahrhundert hinein. Nach einer örtlichen Überlieferung soll in dem dahinter gelegenen Wohnraum Lola Montez nach ihrem Sturz als Vertraute König Ludwigs I. 1848 vor ihrer Flucht nach Amerika übernachtet haben. Manche Anhaltspunkte sprechen dafür, daß das, obwohl nirgends in den Geschichtsbüchern verzeichnet, den Tatsachen entspricht.

# Frühe Klöster

Die große Bedeutung, die der Adel als maßgebende Schicht im frühen Mittelalter hatte, drückt sich nicht nur in den Burgen als Trägern der Siedlungsbewegung, Mittelpunkten eines Schutz- und Wirtschaftsverbandes vieler Menschen und Stätten ritterhaften Lebens und hoher Geselligkeit aus. Vielmehr kam es gleichzeitig nach dem Satz »Rodung schafft Herrschaft und Klöster« (Prinz) zur Gründung zahlreicher Mönchsniederlassungen, die als Zentren des geistlichen Lebens, aber auch der Bildung und der Wirtschaft für die weitere Entwicklung des Nordgaus entscheidende Impulse gaben.

Schon die Agilolfinger hatten aus religiösen, doch ebenso aus wirtschaftlichen und politischen Gründen eine Reihe von Klöstern gegründet, sodaß bei der Ankunft des hl. Emmeram in Bayern – nach seiner von Arbeo stammenden Lebensbeschreibung – erwogen wurde, ihm als Abt eines Klosters die Aufsicht über die anderen klösterlichen Niederlassungen im Lande zu übertragen. Möglichweise sammelte er, der 685 erschlagen wurde, bei der Georgskirche, der Vorläuferin der heutigen Emmeramskirche in Regensburg, schon eine Mönchsgemeinde um sich. Auf jeden Fall bestand das Benediktinerkloster St. Emmeram spätestens seit Anfang des 8. Jahrhunderts. Um 740 gründete es die Zweigniederlassung in Chammünster. Unter den späten Karolingern stieg es zu besonderer Bedeutung auf und seine Kirche wurde zur Grablege für Kaiser Arnulf von Kärnten und König Ludwig das Kind. Unter dem hl. Wolfgang Ende des 10. Jahrhunderts ging von ihm eine weit ausgreifende, über Bayern hinausreichende Klosterreform aus.
Aus dem ersten Jahrtausend stammen in Regensburg auch die ehemaligen reichsunmittelbaren adeligen Damenstifte Niedermünster aus dem 8. Jahrhundert, unter dessen heutiger Kirche Reste römischer und bajuwarischer Anlagen und früherer Kirchen sowie das Grab des hl. Erhard freigelegt wurden und der Besichtigung zugänglich sind, und Obermünster, das 833 erstmals genannt ist und im letzten Krieg weitgehend zerstört wurde.

*Die gotischen Stifterfiguren mit Wappen unter der Orgelempore der ehemaligen Klosterkirche von Kastl im Lauterachtal*

Dieselben Beweggründe religiöser und zugleich wirtschaftlicher und politischer Art wie bei den Agilolfingern waren es auch, welche in der ersten Hälfte des 12. Jahrhunderts die großen Grafengeschlechter zur Gründung vieler Klöster in der Oberpfalz veranlaßten, deren Anlagen in der alten oder in barock erneuerter Gestalt bis heute besondere künstlerische, kirchliche und teilweise auch kulturelle Schwerpunkte dieses Raumes sind.
So stifteten die Grafen von Sulzbach-Kastl-Habsberg 1103 das Stammkloster Kastl, das sich zur Hirsauer Reform bekannte. Ihre Gestalten, Graf Friedrich von Kastl mit dem Kirchenmodell auf dem Arm, sein Sohn Otto von Habsberg und Graf Berengar von Sulzbach mit einem Jagdfalken sind als Steinfiguren des 14. Jahrhunderts in der Kirche unter der Orgelempore über ihren Wappen stehend angebracht. Darunter ist ein romanisches Relief eingelassen: ein sitzender Mann, die Rechte an seinem Bart.
Das Gewicht ihrer Gründung, des ältesten Nordgauklosters, und des historischen Platzes ist bis zur Gegenwart spürbar. Die schöne, ursprünglich fünfschiffige romanische Basilika trägt an den Hochwänden des Mittelschiffs einen 1906 aufgedeckten und wiederhergestellten Fries mit 69 Wappen der Stifter und Gönner des Klosters. Kaiser Ludwigs der Bayer, der öfter in Kastl weilte, hat seine im Alter von 9 Jahren 1319 verstorbene Tochter Anna hier begraben; ihre mumifizierte kleine Leiche ist im »Paradies« in einem barocken Gebeinschrank zu sehen. In diesem Raum mit seiner bedeutenden gotischen Mittelsäule steht an der Wand, gekennzeichnet durch das eingeritzte Wappen, auch die Grabplatte des berühmten kaiserlichen Feldhauptmanns Seyfried Schweppermann, der die Schlacht von Mühldorf im Kampf Ludwigs mit Friedrich dem Schönen von Österreich um die Kaiserwürde 1322 durch sein Eingreifen zugunsten Ludwigs des Bayern entschied, was diesen zu dem legendären Ausspruch veranlaßte: »Jedermann ein Ei, dem wackeren Schweppermann aber zwei!«, vor allem aber dazu führte, daß der Kaiser Kastl zum Markt erhob und die Kaiserglocke für das Kloster stiftete, die heute noch im Turm der Kirche hängt. An den überlieferten Ausspruch erinnern an der klassizistischen Ehrentumba für Seyfried Schweppermann, die gleichfalls im »Paradies« steht, zwei Eier, die sie auf ihrer Spitze trägt. Im 14. Jahrhundert wurde das Kloster Mittelpunkt einer bis Prag wirkenden

benediktinischen Reformbewegung und Stätte hohen geistigen Lebens. Heute ist nach vielerlei geschichtlichen Wandlungen in den alten Räumen ein ungarisches Gymnasium untergebracht, dessen Schüler aus aller Welt kommen, ein Zentrum ungarischen Lebens und ungarischer Kultur in der freien Welt, in dem die ungarische Jugend mit feurigem Temperament auch die Lieder und Tänze ihrer Heimat pflegt und das seinerzeit auch von Kardinal Mindszenty aufgesucht wurde.

Einer der Gründer von Kastl, Graf Berengar von Sulzbach, war es auch, der zusammen mit Bischof Otto von Bamberg 1119 das Benediktinerkloster Michelfeld bei Auerbach stiftete, das heute eine der Wagner'schen Wohltätigkeitsanstalten beherbergt und die schöne Kirche von Wolfgang Dientzenhofer mit frühen Werken der Gebrüder Asam besitzt.

Diepold III. von Vohburg, der Markgraf von Nabburg, Cham und Eger, errichtete 1118 das Benediktinerkloster Reichenbach am Regen, das mit Mönchen von Kastl besetzt wurde und heute eine wichtige Stätte sozialen Wirkens der Barmherzigen Brüder und geistlicher Festkonzerte im barocken Rahmen der alten Kirche ist.

Auf denselben Stifter geht das 1133 gegründete Zisterzienserkloster Waldsassen zurück, das als barocke Basilika und durch seine Stiftsbibliothek heute weitberühmt ist. Ihm ist die Besiedelung und Christianisierung weiter Bereiche des Egerlandes zu verdanken und von ihm trägt der östlich des Steinwalds gelegene Teil des Landkreises Tirschenreuth die Bezeichnung »Stiftland«. An der Weihe der Kirche nahm 1179 Kaiser Friedrich Barbarossa, der Schwiegersohn Diepolds III., teil. An die Urzelle des Klosters, die Einsiedelei Gerwigs in Köllergrün, erinnert die 1974 angelegte schöne Gedenkstätte im Wald bei Waldsassen. Die Geschichte der Gründung ist in den Deckengemälden des Chores der Basilika dargestellt.

Den Wittelsbachern verdankt das Kloster Ensdorf im Vilstal seine Entstehung 1121. In der Klosterkirche sind Pfalzgraf Otto von Wittelsbach und seine Gemahlin Heilika begraben, die Eltern des ersten Wittelsbacherherzogs, mit dem 1180 die über 700-jährige Herrschaft dieses Geschlechts in Bayern begann. Ihre Gebeine sind in Bleisärgen

*Allianzwappen am alten Grabstein des Pfalzgrafen Otto von Wittelsbach und seiner Gemahlin Heilika in der Kirche von Ensdorf*

*S. 56: Blick in das reich verzierte Deckengewölbe der romanischen Hallenkirche des ehemaligen Zisterzienserklosters in Walderbach*

*S. 57: Romanische Plastik am Innenportal der Klosterkirche von Plankstetten*

in einem barocken Marmorsarkophag von 1715, der auf vier Löwen ruht und von einem Aufbau mit einem Ölbild der Stifter überragt ist, in der Seitenkapelle links vom Hochaltar aufbewahrt. Der alte Grabstein, wenngleich mit einer bei der Verlegung der Gebeine in der Barockzeit erneuerten Inschrift, ist noch an der Seitenwand daneben erhalten; er trägt unten das Allianzwappen der Stifter: den querliegenden Zickzackbalken eines alten Wappens der Wittelsbacher und das Lilienwappen der Grafen von Kastl, denen man Heilika irrtümlich zurechnete. So ist die Ensdorfer Kirche, die seit dem Neubau von 1694–1718 mit

frühen Gemälden von Cosmas Damian Asam ausgestattet ist und in deren Sakristei sich wertvolle geschnitzte Schränke befinden, die an die Waldsassener Schnitzarbeiten erinnern, ein geschichtlich besonders bedeutender Ort der Oberpfalz.
Das nicht weit von Reichenbach, am anderen Regenufer gelegene frühere Zisterzienserkloster Walderbach, eine Gründung des Burggrafen Otto I. von Regensburg, ein späteres Tochterkloster Waldsassens, stellt bis heute ein besonders interessantes Zeugnis seiner Entstehungszeit dar: in der romanischen Hallenkirche, die schon als solche eine seltene Besonderheit ist, dann in ihren Seitenschiffen, wo der während der Bauzeit eingetretene Übergang von der Romanik zur Gotik durch den Wechsel von Rundbogen zu Spitzbogen sichtbar ist, und endlich in den malerischen, überaus reichen romanischen Ornamenten der Rippen und Gurtbogen des Deckengewölbes.
Aus derselben Zeit stammt das 1129 gegründete Kloster Plankstetten im Sulztal zwischen Berching und Beilngries, das heute wieder, wie einst zur Gründerzeit, als es Kastler Mönche erhielt, von benediktinischem Leben erfüllt ist. Seine von mächtigen Türmen überragte Kirche enthält in der Vorhalle seltene romanische Reliefs, wohl vom ersten Kirchenportal, darunter einen bärtigen Dämon, der mit grimmer Miene Unheil abwehrt und so den Kirchenraum schützt, eine Pfeilerbasilika des 13. Jahrhunderts, die heute mit Barockstuck überzogen ist. In der Hl. Kreuz-Kapelle von 1760 besitzt sie ein besonderes Kleinod der Rokokokunst.

Nicht als adelige Gründung sondern aus eigener Wurzel, aus der Zelle eines irischen Mönchs, der später Gefährten fand, entstand um 1100 das Kloster der iro-schottischen Benediktiner St. Jakob in Regensburg, dessen nach 1150 erbaute Kirche der bedeutendste hochromanische Bau der Stadt ist und dessen berühmtes Nordportal mit der geheimnisvollen Fülle seiner Figuren und dem vielgestaltigen Reichtum seiner Ornamentbänder zu ihren größten Kostbarkeiten gehört.

*Gotisches Chorgestühl auf der Nonnenempore der Kirche des ehemaligen Zisterzienserinnenklosters Seligenporten*

Indessen ist nicht nur das frühe 12. Jahrhundert ein Zeitraum von Klostergründungen. Bedeutende Zeugnisse aus späterer Zeit stehen in der westlichen Oberpfalz. Bei Pyrbaum gründeten Gottfried von Sulzbürg und seine Ehefrau 1249 am Ort »Zu den drei Eichen« ein Zisterzienserinnenkloster mit dem Namen »felix porta«, zu deutsch Seligenporten. In der noch erhaltenen einschiffigen gotischen Kirche aus dem Ende des 13. Jahrhunderts ist neben der sogenannten Gruft mit ihrer flachen Balkendecke und den vier Eichenholzstützen der Nonnenchor besonders sehenswert, zu dem eine gotische Treppe hinaufführt. Das geschnitzte Gestühl aus weichem Holz gehört zu den frühesten Beispielen seiner Art. Es zeigt an den einzelnen Plätzen am Boden noch Vertiefungen, wo die Nonnen einst gestanden waren.

Nördlich davon, jenseits der Autobahn Regensburg-Nürnberg, befindet sich Gnadenberg, wo Pfalzgraf Johann I. von Neumarkt 1426 das älteste Birgittenkloster Süddeutschlands gründete. Es wurde als Doppelkloster, für Mönche und Nonnen, errichtet, aber im Dreißigjährigen Krieg von den Schweden 1635 in Brand gesteckt. Heute steht von ihm nur noch die mächtige Ruine der gotischen Klosterkirche mit dem schönen Maßwerk ihrer Fenster.

Daß auch diese späten Klöster noch adelige Gründungen sind, läßt den Einfluß erkennen, den die aristokratische Führungsschicht weiterhin auf die Entwicklung des Mönchtums und in der Kirche überhaupt hatte, nicht zuletzt auch durch die weltliche Vogtei, die sie als Inhaber der Hoheits- und Gerichtsrechte über die Klöster und deren Besitz ausübte. Gegen diese, auf das frühe Mittelalter und seine Herrschaftsformen zurückreichende Struktur wandte sich im 13. Jahrhundert eine starke religiöse Volksbewegung, die vor allem von den Bewohnern der Städte ausging und von den Bettelorden aufgefangen wurde. Von ihnen stammen die Klöster mit weiträumigen gotischen Predigerkirchen. Die bedeutendsten der Oberpfalz stehen in Regensburg: die nach 1230 erbaute Dominikanerkirche, an der Albertus Magnus zwei Jahre wirkte, und die zwischen 1250 und 1270 von den Franziskanern errichtete Minoritenkirche, die Stätte des berühmten Predigerbruders Berthold.

# Ländliche Romanik und Gotik

Vergegenwärtigt man sich die Burgen, die mit Mauern und Türmen bewehrten Städte und daneben die frühen Klöster der Oberpfalz, so wird sichtbar, wie sehr dieses Land von der Romanik und der Gotik geprägt wurde und seine ernste Gestalt bekam – eine Gestalt, die zwar später von Barock und Rokoko vielfach neue Züge und besonderen Glanz erhielt, aber doch diesen ernsten Kern nicht verleugnet.
Die romanische Welt ist zunächst die Welt der Priester und Mönche als der Träger des geistlichen Lebens und der geistigen Kultur in den Klöstern und Urpfarreien, aber immer auch bereits die der Bauern mit ihrem kargen Dasein. Sie ist die Welt der Ritter, die, in die Gotik hineinwachsend, trotz aller Beengtheit der wirtschaftlichen Verhältnisse und der Wohnbedingungen auf den Burgen zunehmend eine verfeinerte höfische Kultur und Geselligkeit entwickelten, in der die Dicht- und Sangeskunst nicht nur von fahrenden Sängern vorgetragen, sondern zuweilen auch von den Burgherren selbst geübt wurde, der Minnesang entstand und der ritterliche Mensch zum Leitbild des Mittelalters wurde. Die Zeit der Gotik endlich ist immer mehr die Zeit der Bürger, der Handwerker, Kaufleute und Ackerbürger in den Städten und Märkten, mit der aufblühenden Kultur des Wohnens und Wirtschaftens, dem reich gegliederten Zunft- und Ständewesen und zunehmender Selbstverwaltung.
Hohe Zeiten der Kultur, wie sie sich hier abzeichnen, sind immer auch Zeiten großer Baufreudigkeit als Ausdruck der starken inneren Kraft der Epoche. Sie prägten in der Oberpfalz künstlerisch das ganze Land.

So hat die Romanik nicht nur in Regensburg die im Kern karolingischen Basiliken St. Emmeram und zur Alten Kapelle, die großartigen Meisterwerke des Portals der Schottenkirche von St. Jakob und der Fresken und Ornamente in der Klosterkirche von Prüfening und die kristallene Klarheit der Allerheiligenkapelle am Dom geschaffen und damit die Stadt zu einem Schwerpunkt der romanischen Kunst in

Deutschland gemacht, von der auch die frühesten Glasfenster im Dom, die Geschlechtertürme und die Steinerne Brücke zeugen. Vielmehr hat sie auch viele kleine ländliche Kirchen mit dicken Mauern, die nur von schmalen Fensterschlitzen durchbrochen werden, und einem schweren quadratischen Turm hervorgebracht wie die ungemein kraftvollen Wehrkirchen in Penk bei Etterzhausen und in Stulln oder blockhafte Bauten mit halbrunden oder eckigen Apsiden. Die älteste dürfte wohl die Liebfrauenkirche in Oberammerthal sein, die hoch über dem Tal des Ammerbachs steht und zwischen 1009 und 1014 errichtet und Jahrhunderte später durch einen gotischen Chor und einen mächtigen Turm erweitert wurde. Sehr früh ist auch die Jakobskirche in Neunburg vorm Wald, die um 1100 gebaut wurde, an deren schweren Turm sich das Halbrund einer kleinen Apsis fügt und die wohl ursprünglich ein Obergeschoß enthielt, was aus freigelegten romanischen Rundbogen und Gucklöchern in den Kirchenwänden zu erschließen ist. Sie enthält im Innern eine – freilich viel spätere – Figur, die in dieser Form nur noch sehr selten zu sehen ist: Eine gekrönte bärtige, mit einem langen blauen Gewand bekleidete Gestalt am Kreuz verkörpert vielleicht die hl. Kümmernis oder Wilgefordis, die nach der Legende, um einen ihr vom Vater zugedachten Heiden nicht heiraten zu müssen, Gott bat, sie so zu entstellen, daß ihr Gemahl sie verschmähe, und, als ihr daraufhin ein Bart wuchs, vom Vater aus Zorn gekreuzigt wurde. Darstellungen dieser früher sehr verbreiteten und verehrten Gestalt finden sich in der Oberpfalz noch in den Pfarrkirchen von Oberviechtach und Pertolzhofen.

Zu den ländlichen romanischen Bauten gehören auch die Ulrichskirche in Wilchenreuth bei Weiden mit den wertvollen Wandmalereien im Altarraum, insbesondere dem thronenden Christus, und einem profanen Obergeschoß sowie die hochragende Kirche der Heiligen Drei Könige in Friedersried mit ihrem tiefen Gewändeportal aus einheimischem Sandstein und dem ungewöhnlichen zweischiffigen Raum unter der Empore. Auch die dreischiffige romanische Hallenkirche St. Nikolaus im Nabburger Stadtteil Venedig, die Kirche in Schönfeld bei Siegenstein mit ihrer Empore für die adelige Herrschaft, die Turmkirche in Obertrübenbach bei Roding und die altertümliche Kirche von

*Die wehrhafte alte Kirche St. Stephan in Stulln*

Brudersdorf bei Nabburg, deren halbrunde Altarnische aus der Mauerdicke des rechteckigen Turms ausgehöhlt ist und die eine bemalte Steinfigur der Muttergottes aus dem 14. Jahrhundert besitzt, entstammen dieser wehrhaften und kraftvollen Zeit und ebenso Teile der Michaelskirche in Ehenfeld, in deren Turm, wohl der ehemaligen Burgkapelle, sich bedeutende romanische und gotische Fresken erhalten haben.

Diesen Zeugnissen aus der ältesten heute noch sichtbaren Schicht baulichen Gestaltens im Land, der ernsten und schweren Romanik, folgen die hochragenden, stark gegliederten, im Inneren immer mehr verfeinerten Werke der Gotik, die, nicht selten später barockisiert, weithin das Bild des Landes bestimmen. Auch hier treten neben den Burgen, den Klöstern und den Toren und Türmen der Städte nicht nur in den bedeutenden Mittelpunkten städtischen Lebens große Kirchenbauten auf wie der Dom von Regensburg, der hochchorige Nabburger »Dom« auf der Höhe des alten Burgberges mit seinem lichten und weiten Innern und seinen beiden Chören, die Georgs- und die Martinskirche in Amberg, diese mit der Besonderheit ihrer Seitenkapellen und Emporen, die Michaelskirche in Weiden, die frühgotische, wenn auch barock ausgestattete Marienkirche in Sulzbach-Rosenberg und die beiden unter dem Pfalzgrafen Johann erbauten Kirchen in Neumarkt: die Hofkirche und die Pfarrkirche St. Johannes mit ihren schönen Portalen. Auch in kleineren Städten, Märkten und Dörfern finden sich in großer Zahl gotische Kirchenbauten von besonderer Bedeutung, die durch ihre bauliche Gestalt oder ihre Innenausstattung aus der Fülle herausragen. Dazu zählen die stattlichen Gotteshäuser in Hahnbach und Kastl bei Kemnath sowie die gotischen Hallenkirchen von Eschenbach und Kemnath.
Ein ganz später Ausläufer der Gotik aus der Zeit nach 1600 ist die alte Salzschifferkirche St. Nikolaus in Pfatter; einer ihrer Seitenaltäre aber ist bereits eine Renaissanceschöpfung. Schöne gotische Altäre besitzen die Annakirche in Velburg, die Wolfgangskirche in der Nähe dieses



*Dreischiffige gotische Hallenkirche Mariä Himmelfahrt in Kemnath aus der zweiten Hälfte des 15. Jahrhunderts*

*Tafelbild eines unbekannten Malers der Donauschule am linken Seitenaltar der St. Lorenzkirche in Berching: Gefangennahme des hl. Laurentius*

◁ *Gotische Deckenmalerei im Chor der Pfarrkirche in Seebarn: Jüngstes Gericht, Engel mit den Leidenswerkzeugen Christi und musizierende Engel*

68

*Gotischer Getreidespeicher in Matting an der Donau*

 ◁ *Mariä Verkündigung, Flügelrelief in der Pfarrkirche von Vilseck*

Ortes und die Annakapelle in Großprüfening. Ungewöhnlich feine Malerei findet sich an der Decke des gotischen Chores der Maria Himmelfahrtskirche in Seebarn und in der Kirche von Bubach am Forst bei Regenstauf.

Der große Flügelaltar in der Pfarrkirche von Tirschenreuth mit der Darstellung der Kreuzigung von 1510 hat in der nördlichen Oberpfalz als einziger den Bildersturm der Calvinisten überstanden. Besonders gewichtige Werke der bildenden Kunst sind wieder in Regensburg mit den Schöpfungen des Erminold-Meisters, nämlich der Verkündigungsgruppe im Dom und dem Grabmal des Erminold in Prüfening, sowie dem Grabmal der Königin Hemma, der Gemahlin Ludwigs des Deutschen, aus dem 13. Jahrhundert in der Emmeramskirche, ferner den leuchtenden Glasfenstern im Hochchor des Doms. Verborgene Kostbarkeiten sind die bedeutenden Tafelbilder aus meisterlicher Hand in der gotischen Kirche von Oberndorf bei Freystadt. Am Ende der Gotik ist auch das Werk der großen deutschen Meister auf unseren Raum nicht ohne Einfluß geblieben. So sind vier gute Reliefs, die den beiden Johannes gewidmet sind, an den Wänden des Chors der Pfarrkirche von Hemau, vielleicht aus dem Umkreis von Veit Stoß. Ebenso sind die Tafelbilder der Lorenzkirche in Berching von Albrecht Altdorfer und die geschnitzten Reliefs aus dem Marienleben in der Pfarrkirche von Vilseck von Veit Stoß oder Albrecht Dürer beeinflußt.

Ein bemerkenswertes Zeugnis für das lange Nachwirken der Spätgotik sind die Tafeln eines Flügelaltars aus dem Jahr 1603 mit den Bildern der lateinischen Kirchenväter in der Kirche von Paulsdorf bei Amberg.

Aus der Zeit der Gotik stammen endlich noch heute nicht wenige Bürgerhäuser, vor allem in Regensburg, aber auch in Amberg und Weiden, das in dem Haus Nr. 19 am Oberen Markt noch einen besonders typischen hohen spätgotischen Giebel besitzt. In Matting an der Donau haben sich sogar noch Bauernhäuser aus der Gotik und damit die ältesten bäuerlichen Bauten der Oberpfalz überhaupt erhalten.

# Die Bürger und ihre Rathäuser

Über dem Eingang zum Sitzungssaal des alten Weidener Rathauses von 1545 stehen die Worte »Dem Gemeinwohl«. Sie mahnen jeden, der hier eintritt, sei es als Bürgermeister oder Rat, um über die Geschicke der Stadt zu bestimmen, sei es als zuhörender Bürger, um dessen Wohl und Wehe es geht, an den obersten Maßstab des Gemeinwesens. Daß es ein »Gemeinwohl« ist, das nicht nur alle Bürger der Stadt berührt, sondern auch von allen gemeinsam gestaltet und mitverantwortet werden muß, wenn auch in unterschiedlicher Teilhabe, das ist der neue Gedanke, der sich im Bürgertum und seiner im Lauf der Geschichte zunehmenden Bedeutung und Freiheit und seinem Selbstbewußtsein verwirklicht. Entscheidender Schritt dazu war die Verleihung des Markt- oder Stadtrechts durch den Kaiser oder den Landesherrn, die einem Ort die niedere Gerichtsbarkeit als umfassende Hoheitsausübung übertrug und den Bürgern die Wahl des Bürgermeisters und des Rats und die Mitwirkung am Stadtregiment einräumte und ihnen damit ein Selbstverwaltungsrecht gab. Zugleich führte das Stadtrecht zur Errichtung von Befestigungsanlagen um die Siedlung; die Ummauerung ist das wichtigste Merkmal der mittelalterlichen Stadt.

Altbayerischer Ausdruck des Selbstbewußtseins der Bürgerschaft ist ein Rathaus, das ganz allein, stolz und frei, voll Würde und Kraft, auf dem rechteckigen Straßenplatz, dem »Saalplatz« steht und so den Mittelpunkt der Stadt darstellt. Das gilt wie in den niederbayerischen Orten Straubing und Deggendorf auch in vielen oberpfälzischen Städten wie Weiden, Mitterteich, Eschenbach, Auerbach, Dietfurt, Velburg, Kastl, Hirschau und Neumarkt. Auch in Tirschenreuth stand das Rathaus bis zur Errichtung des Renaissancebaues von 1582 inmitten des Marktplatzes und ebenso in Rötz bis 1840, in Kemnath, wo man den Marktplatz durch den hohen Turm der gotischen Pfarrkirche betritt, der zugleich der obere Stadtturm ist, bis 1848, in Vilseck bis zum Brand von 1864 und in Pfreimd bis 1868.

*Der Marktplatz von Freystadt mit dem freistehenden Rathaus von 1665*

*Das spätgotische Rathaus von 1567 auf dem Marktplatz von Grafenwöhr*

1567.

Besonders reizvoll ist die Situation in Freystadt (LKr. Neumarkt), dessen schöner, mit zwei Toren abgeschlossener Platz einen leicht ovalen, geschwungenen Grundriß aus Häuserfronten besitzt. Nicht auf dem mathematischen Schnittpunkt der Linien, sondern leicht verschoben und gerade dadurch so originell erhebt sich hier das Rathaus von 1665, das in jüngster Zeit – vielen Bestrebungen und sogar Stadtratsbeschlüssen zum Trotz – doch nicht aus Verkehrsgründen abgerissen, sondern renoviert wurde. So stellt es heute noch zusammen mit dem schmucken, architektonisch wie farblich gleich gelungenen Platz eine besondere Zierde der Stadt dar.
Das freistehende Rathaus von Grafenwöhr trägt an seiner Stirnseite noch einen Pranger mit der aus der Wand herausragenden Standplatte und dem Halseisen. Auch darin kommt zum Ausdruck, daß die Stadt Inhaber der niederen Gerichtsbarkeit war. Zum Pranger verurteilt zu werden, das heißt zum Ausgesetztsein für das öffentliche Gespött der Leute, war eine der Strafen des Mittelalters, die vor allem bei Vergehen gegen die Ehre verhängt wurde.

In ähnlicher Weise beherrschend, wenn auch nicht freistehend, so doch den Platz prägend, sind das prächtige gotische Rathaus von Amberg aus dem 14. Jahrhundert mit seiner 1552 angefügten Altane, das bis zur Errichtung des seitlichen Erweiterungsbaues ebenfalls vom Marktplatz rings umgeben war, sowie das um 1400 errichtete Rathaus in Sulzbach-Rosenberg mit seiner reichgegliederten Giebelfront, das Rathaus in Beratzhausen im Laabertal, dem Geburtsort des Dichters Gottfried Kölwel, und das Rathaus am Marktplatz in der Mitte von Waldmünchen.
Wie in Freystadt so geben auch in anderen Städten die stattlichen und stolzen Bürgerhäuser dem Platz sein Gesicht, indem sie ihm ihre Türen und Tore, Fenster und Giebel zuwenden und damit den Blick der Bürger auf das Rathaus als die Stätte, in der die Geschicke des Gemeinwesens in ihrem Auftrag entschieden werden, verkörpern. Da reiht sich Haus an Haus, Giebel an Giebel, Erker und Gesimse gliedern die Fassaden. Spätgotik, Renaissance und Barock haben den Stil geprägt und bei aller phantasiereichen Unterschiedlichkeit zeigt sich

75 *Bürgerhäuser am Unteren Markt in Weiden*

doch ein geschlossenes Bild, am schönsten wohl am Marktplatz in Weiden, aber auch am Stadtplatz und in den malerischen Straßen von Amberg und in vielen kleineren Städten. Jedes geruhsame Schlendern dort, entlang den Mauern und alten Häusern, durch Tore und schmale Gassen, bedeutet ein Eintreten in das bauliche Bild eines mittelalterlichen Stadtwesens, in die Lebenswelt vergangener Geschlechter, die aber, verwandelt und angeeignet von den Menschen der Gegenwart, nicht abgestorben, sondern auf neue Weise lebendig ist.
In Amberg, das Teile seiner Altstadt so vorbildlich saniert hat, gibt es die Absonderlichkeit des Eh'häusls in der Seminargasse, das nur zwei Fenster breit ist. Es wurde zu einer Zeit gebaut, als die Ehhalten, das abhängige Gesinde und auch alle anderen Leute nur heiraten durften, wenn sie Grund und Boden besaßen, und ging so als Nachweis dieser Ehevoraussetzung unter den heiratswilligen Paaren von Hand zu Hand. Heute ist es wieder eine beliebte Unterkunft von besonderer Eigenart.

Im Innern der Rathäuser finden sich oft schöne Räume als Sitzungssäle des Rates, vom Hauch der Geschichte erfüllt, von schweren Entscheidungen belastet und mit Bildern bedeutender Gestalten der Gemeinde geziert wie die hohe, lichte gotische Halle des großen Sitzungssaales und der herrliche Renaissanceraum des kleinen Saales in Amberg oder auch der bescheidene alte Raum im Rathaus von Kallmünz an der mittelalterlichen Naabbrücke.

Daß es freilich niemals leicht war und bis heute nicht leicht ist, es den Bürgern recht zu machen und zugleich das Gemeinwohl zu gestalten, zeigt ein Spruch über der Türe im Innern des 1820 errichteten Rathauses von Neustadt an der Waldnaab. Er lautet: »Wer der Gemeinde dient, hat einen harten Herrn.« Bedenkenswert ist aber auch die Mahnung im Innern des Rathaussaales von Weiden, vor allem für die Ratsmitglieder selbst:

> »Auf dem Rathaus sind nicht nütz
> Viele Worte ohne Witz.«

77 *Rathaus von Kallmünz mit der alten Naabbrücke, der Pfarrkirche und der Burgruine*

# Glaubenswirren

In der Pfarrkirche von Vilshofen, die 1781 auf dem Berg mit seinen weithin sichtbaren drei Kirchen hoch über dem Vilstal neu errichtet wurde, befinden sich an der Orgelempore Bilder, die an schwere Zeiten der Oberpfalz erinnern. Eines trägt die Unterschrift »Die Ketzerey hat hier eingerissen um das Jahr 1538« und zeigt den calvinischen Bildersturm: Ein reformierter Geistlicher wirft ein Marienbild, eine Engelsfigur und einen Crucifixus aus der Kirche, der von einem Bauern mit dem Beil zerschlagen wird. Das nächste Bild lautet: »Der katholische Glaub wird zu Vilshofen wieder eingepflanzet A. 1622«. Dort werden in feierlicher Prozession eine Heiligenfigur und das Marienbild zur Kirche getragen.

Die Reformation und die Gegenreformation haben der Oberpfalz und den Oberpfälzern einst tiefe Wunden geschlagen, seit der Landesherr nach dem Grundsatz »cuius regio – eius religio« über die Religion seiner Untertanen bestimmen konnte und dabei auf die Gewissen und die Glaubensüberzeugung der Menschen keine Rücksicht nahm. Zunächst wandten sich weite Teile der Bevölkerung schon in den zwanziger Jahren des 16. Jahrhunderts der neuen Lehre zu. Die erste Stadt, die das offziell tat, war die Haupt- und Residenzstadt Amberg, deren Rat 1538 an Luther selbst herantrat und ihn um Rat für die Bestellung eines evangelischen Predigers bat. In anderen Städten wie Weiden, Cham und Neumarkt traten solche schon früher auf. In der Freien Reichsstadt Regensburg nahm der Rat im Jahre 1542 die reformierte Lehre an.
Die weitere Entwicklung verlief unterschiedlich, je nachdem, ob es sich um Gebiete handelte, die zur Kurpfalz gehörten oder auch nur an sie verpfändet waren, oder ob sie zum Herzogtum Baiern-München oder im weiteren Verlauf zu anderen Territorien und Landesherren wie dem Herzogtum Sulzbach oder Pfalz-Neuburg gehörten. Im kurpfälzischen und damit dem größten Teil der heutigen Oberpfalz kam es gemäß dem persönlichen Bekenntnis des jeweiligen pfälzischen Kurfürsten inner-

*Bilder an der Orgelempore der Pfarrkirche von Vilshofen, die an die Reformation und die Gegenreformation erinnern*

halb eines Jahrhunderts nicht weniger als fünfmal zum Glaubenswechsel. Wurde zunächst die neue Lehre und die Gottesdienstfeier mit Predigt und Abendmahl unter beiderlei Gestalt lediglich geduldet, so setzte Kurfürst Ottheinrich 1556 das Luthertum als einzige zulässige Religion durch und verbot den katholischen Kultus. Sein Nachfolger Friedrich III. wollte sein Land calvinisch machen, fand aber, vor allem in der Oberpfalz, starken Widerstand insbesondere bei den Landständen, der offziellen Vertretung von Geistlichkeit, Adel und Bürgerschaft, sodaß seine Anordnung weitgehend unbeachtet blieb. Dessen Nachfolger Ludwig II. (1576–1583) erklärte wieder das Luthertum zur Landesreligion. Der nächste Kurfürst dagegen, Friedrich IV., und sein Sohn, der »Winterkönig« Friedrich V., bekannten sich zum Calvinismus und suchten erneut den calvinischen Kultus einzuführen. Hatte man zunächst von den Geistlichen lediglich gefordert, daß sie den katholischen Gottesdienst einstellen und statt dessen lutherisch feiern sollten, so wurden in der Folgezeit die lutherischen bzw. calvinischen Pfarrer des Amtes jeweils enthoben und durch Geistliche der anderen Konfession ersetzt; auch die Beamten wurden vielfach je nach ihrem Glauben ausgewechselt.
Wie weit sich der Glaubenswechsel in der Bevölkerung wirklich durchsetzte, ist schwer zu beurteilen. In Randgebieten scheinen sich katholische Zellen lange gehalten zu haben; der Annahme des Calvinismus an Stelle des lutherischen Glaubens widerstrebten Städte und Volk, wie die Ermordung des calvinischen Pfarrverwesers in Nabburg 1592 und der Aufstand und die Ermordung des Stifthauptmanns Valentin Winsheim im selben Jahr in Tirschenreuth, die ein furchtbares Strafgericht für die Stadt nach sich zog, bezeugen.
Als schließlich Kurfürst Maximilian I. in der wieder bayerisch gewordenen Oberpfalz mit harter Hand den katholischen Glauben wieder einführte und die reformierten Geistlichen absetzte und zur Auswanderung aufforderte, folgte diesen ein großer Teil des Adels und der führenden Köpfe des Landes, die zum Glaubenswechsel nicht bereit waren – ein bitterer Aderlaß für den Raum, der ohnehin im Dreißigjährigen Krieg einen harten Niedergang erleben mußte. Wie die religiösen Umbrüche den einfachen Mann verwirrten, zeigt ergreifend die Äußerung eines des Glaubens wegen verhafteten Schmieds aus Waldeck aus dem Jahr 1627; »Ach mein Gott, seind wir so verirrte leut! Ich

bin lutherisch geboren und darin auferzogen. Wie der calvinisch und zwinglisch glauben in diese pfalz kommen, habe ich müssen dieses glaubens werden. Jetzt kommen die bapisten auch, sagen, ihr glauben sey der rechte, dann er sey der ältere. Wir seind halt ganz verirrt.« Man geht wohl nicht fehl in der Annahme, daß diese tiefgreifenden Vorgänge im Charakter der Oberpfälzer bis heute ihre Spuren hinterlassen haben. Auch die von Schmeller überlieferte Redensart »Wart, i will di katholisch machen«, mit der nach seinem Gewährsmann ein Bauer bei Amberg seinem vor dem Pflug störrischen Ochsen drohte und die bis heute nicht ausgestorben ist, bezeugt noch die Härte der damaligen Glaubenszwänge.

Eine interessante Sonderentwicklung vollzog sich im selbständigen wittelsbachischen Herzogtum Sulzbach. Dort wurde im Kölner Vergleich vom 22. Februar 1652 und dem darauf beruhenden Neuburger »Hauptvergleich« von 1656 das sogenannte Simultaneum eingeführt, das in den Sulzbachischen Landen die Gleichberechtigung beider Konfessionen und die gemeinsame Benutzung der Kirchen und des Kirchenvermögens brachte. Diese Regelung galt im Bereich des früheren Landrichteramts Sulzbach, mit dem sich der spätere Landkreis Sulzbach-Rosenberg deckte, ferner im Gebiet des Gemeinschaftsamts Parkstein-Weiden, der Pflegämter Floß und Pleystein und des Richteramts Vohenstrauß. Auf ihrer Grundlage gab es in der Oberpfalz 43 Simultankirchen, die meisten im Bereich des heutigen evangelisch-lutherischen Dekanats Weiden. Diese gemeinsame Kirchenbenutzung und -verwaltung dauerte bis ins 20. Jahrhundert fort. Die ersten Auflösungen wurden zu Beginn dieses Jahrhunderts vorgenommen, so in Weiden, wo die St. Michaelskirche gemeinsam benutzt worden war, im Jahr 1900, in Freihung 1908, Rothenstadt 1910, Floß 1912, Plößberg 1914/15. Weitere Trennungen geschahen um die 30-er Jahre, z. B. in Vohenstrauß, Etzenricht, Kirchendemenreuth und Kaltenbrunn. Eine große Zahl von Simultaneen aber hielt sich bis in die jüngste Zeit, bis die wirtschaftlichen Verhältnisse den Bau eigener Kirchen für die andere Konfession und damit seine Auflösung wieder erleichterten. So stand in der stattlichen gotischen Pfarrkirche Mariä Himmelfahrt in Sulzbach-Rosenberg bis 1957 ein Altar für den evangelischen Gottesdienst vor dem Chor. Erst dann wurde eine eigene evangelische Kirche in der Stadt errichtet. In Erbendorf ist bis jetzt, trotz der Aufhebung der gemeinsamen Kirchenbenutzung bereits 1918, der Kirchenwald ungetrennt in gemeinsamer Verwaltung und seine Erträge fließen beiden Kirchen zu. In Wildenreuth bei Erbendorf halten noch heute gemäß der Regelung von 1656 beide Glaubensgemeinschaften ihren Gottesdienst im selben Raum. Auch im Landkreis Amberg-Sulzbach sind noch drei simultane Kirchen für beide Konfessionen vorhanden: St. Michael in Eschenfelden, St. Willibald in Fürnried und die alte St. Veitskirche in Illschwang aus dem 12. Jahrhundert mit dem Turm von 1086. Sie stellen in der Zeit der ökumenischen Bewegung beherzigenswerte Zeugnisse für eine Gemeinsamkeit der Konfessionen dar.

Daß alle Bekenntnisunterschiede doch die gemeinsame christliche Glaubensgrundlage nicht aufheben und auch eine äußere Nähe der Kirchen zueinander zuließen, zeigt auch der Schloßberg von Sulzbürg, auf dessen freier Höhe, weithin sichtbar im »Sulzbürger Landl«, die evangelische Michaelskirche von 1723 und die katholische Pfarrkirche »Schmerzhafte Mutter Gottes« von 1757 einträchtig nebeneinander stehen.

Hatte aber schon der Streit der christlichen Konfessionen in den Herzen der Menschen seinerzeit doch tiefe Wirrnisse hervorgerufen, so griff noch weit tiefer die Verwirrung der Geister, die der Nationalsozialismus in der jüngsten Vergangenheit erzeugte. Zu ihren schrecklichsten Wirkungen gehört die Verfolgung der Juden, die freilich nicht die erste in der leidvollen Geschichte des christlich-jüdischen Verhältnisses war, aber in ihrer entsetzlichen Konsequenz über alles Frühere weit hinausging. War eine so alte und große Judengemeinde wie die weit ins erste Jahrtausend zurückreichende in der Stadt Regensburg schon einmal in den Unruhen am Ende des Mittelalters, am 21. Februar 1519, vertrieben und ihre Synagoge zerstört worden, so erfaßte die Nacht der Pogrome des 9. November 1938 auch so kleine Orte wie Floß, wo es seit 1684 eine jüdische Gemeinde gab. Die Synagoge, die für sie 1815–1817 als achteckiger barock-klassizistischer Zentralbau errichtet worden

*Illschwang mit der St. Veitskirche, die noch heute beiden christlichen Konfessionen dient (Simultaneum)*

war, fiel wie viele andere 1938 teilweise der Zerstörung zum Opfer. Als einzige in der Oberpfalz wurde sie in letzter Zeit vollständig wiederhergestellt und am 9. November 1980 in einer eindrucksvollen Feier unter starker Beteiligung jüdischer Mitbürger neu eingeweiht. Die alte jüdische Gemeinde von Floß hatte auf dem sogenannten Judenberg gewohnt; von ihr zeugt noch der gut erhaltene jüdische Friedhof an der Straße nach Flossenbürg. Einen ähnlichen jüdischen Friedhof gibt es an dem Berghang in Sulzbürg (LKr. Neumarkt).

*Friedhof der 1684 begründeten jüdischen Gemeinde in Floß*

# Wallfahrten und einsame Kirchen

1526 hat der Geschichtsschreiber Aventinus, der in St. Emmeram in Regensburg begrabene Johannes Turmair aus Abensberg, in seiner »Bairischen Chronik« bei der Beschreibung der Altbayern u. a. gesagt: »Das baierisch Volk ist geistlich, schlecht (schlicht) und gerecht, get, läuft gern kirchfarten, hat auch viel kirchfart . . .« Das gilt auch und bis zur Gegenwart für die altbayerischen Oberpfälzer. Kirchfahrten, Wallfahrten gibt es bei ihnen noch heute in großer Zahl und mit großer Beteiligung auch junger Menschen. Dazu gehören die regelmäßige Fußwallfahrt zur berühmtesten bayerischen Gnadenstätte Altötting; aber auch die Wallfahrtsorte im eigenen Raum werden immer wieder aufgcsucht.

Dieser religiöse Brauch reicht bis ins Mittelalter zurück. Die ältesten Wallfahrten galten den Gräbern oder Reliquien der Heiligen, in unserem Raum vor allem dem hl. Emmeram und dem hl. Wolfgang, dem Patron der Diözese Regensburg, die in den Krypten der Regensburger Emmeramskirche ruhen.

In Griesstetten bei Dietfurt waren es die Gebeine der »Drei elenden (d. h. ausländischen) Heiligen«, der Schottenmönche Vimius, Zimius und Marinus, die, in der Mitte des 12. Jahrhunderts als Einsiedler verstorben, schon sehr bald verehrt wurden und heute, mit Wachs verkleidet und in Gewänder gehüllt, in einem Schrein zu sehen sind. Zur Zeit der Kreuzfahrer breitete sich der Kult des hl. Leonhard aus, der viele Gefangene aus ihren eisernen Ketten löste und später in den meist mit einer Kette umgebenen Kirchen als Viehpatron verehrt wurde.

Auch die Hostien- und Marienwallfahrten gehen oft noch auf das Mittelalter zurück. An seinem Ende tritt die Legende als Anlaß zur Wallfahrt in den Vordergrund und die Reliquienverehrung zurück.

Manches heute noch verehrte Gnadenbild stammt deshalb aus der Zeit des Mittelalters. Das gilt für das schöne spätgotische Vesperbild aus Lindenholz in dem barocken Zentralbau der Kirche von Katzdorf bei Neunburg vorm Wald, auf deren Platz wahrscheinlich schon im 12. Jahrhundert eine Kapelle stand.

*Schrein mit den umkleideten Gebeinen der »Drei elenden Heiligen« in der St. Martinskirche in Griesstetten bei Dietfurt*

*Gnadenbild der Wallfahrtskirche von Katzdorf bei Neunburg vorm Wald, spätgotisches bemaltes Vesperbild aus Lindenholz, Ende des 15. Jahrhunderts*

*S. 88: Die barocke Wallfahrtskirche Maria Hilf in Freystadt, ein Bau des Münchener Kurfürstlichen Hofbaumeisters Antonio Viscardi*

Die bekannte Wallfahrt auf den hohen Fahrenberg unmittelbar an der tschechischen Grenze gibt es schon seit dem 13. Jahrhundert; das jetzige Gnadenbild stammt von 1480.
Ebenfalls wohl schon im 13. Jahrhundert bestand die Wallfahrt nach dem alten Ast bei Waldmünchen, das seinen Namen davon hat, daß das dort verehrte Marienbild nach der Legende bei den Arbeiten für den Bau der Kirche auf dem Ast eines Baumes gefunden wurde, wie das die Gemälde an der Orgelempore zeigen. Aus diesem Grund trägt die Rokokokanzel der frühgotischen, später umgebauten Kirche von 1265, zu der noch heute Wallfahrten und Bittgänge ziehen, auf dem Schalldeckel einen Ast, in dem eine Wiedergabe des Gnadenbildes erglänzt, und Wurzelwerk am Kanzelrumpf.
Eine der bedeutendsten und ältesten Marienwallfahrten ist die nach Stadlern, nahe der böhmischen Grenze; sie ist schon 1363 genannt. Das Gnadenbild, eine Tonfigur der Maria, wurde von den Calvinisten beschädigt und nach der Gegenreformation 1627 wieder aufgestellt und bekleidet.
Gotisch und damit mittelalterlich ist auch das Gnadenbild der Maria Himmelfahrtskirche von Seebarn auf dem nördlichen Nebenaltar sowie die wohl böhmische, um 1400 geschnitzte Marienfigur in Neukirchen b. Hl. Blut nahe der tschechischen Grenze. Die dortige Wallfahrtskirche, eine der wenigen mit ununterbrochener Tradition aus dem Mittelalter, hat ihren Namen daher, daß aus dem Haupt der Marienstatue, in das ein bilderstürmerischer Hussit sein Schwert schlug, Blut geflossen sein soll.

Nach der Einführung der Reformation in den kurpfälzischen Gebieten der Oberpfalz wurden die Wallfahrten vor allem durch die calvinischen Landesherren in demselben Geist, der auch zum Bildersturm führte, verboten und unterdrückt und kamen damit wenigstens vorübergehend zum Erliegen. Doch gibt es Zeugnisse, daß manche Wallfahrtsstätte ihre Anziehungskraft auch durch die Zeit des häufigen Glaubenswechsels hindurch bewahrt hat, wie St. Quirin auf dem Botzerberg bei Neustadt an der Waldnaab, bei dem die landesherrliche Visitation 1606 ergab, daß die Wallfahrt nicht erloschen war und die Leute weiterhin Geld, Butter, Fleisch, Bier, Flachs und vor allem Löffel bei Zahn- und Munderkrankungen opferten. Auch nach Neukirchen b. Hl. Blut, das

*Wallfahrtskirche »Maria Heil der Kranken« auf dem Habsberg; Orgel von 1767, darüber als Ausschnitt aus dem Deckengemälde: der Habsberg mit Gnadenkapelle, Wallfahrtskirche und Wallfahrerscharen*

◁ *Wallfahrtskirche St. Quirin auf dem Botzerberg bei Neustadt an der Waldnaab, erbaut von dem Baumeister Grigorio Bibiano unter Fürst Ferdinand von Lobkowitz 1680*

bayerisch und deshalb katholisch geblieben war, wallfahrteten 1616 immer noch Menschen aus dem reformierten pfälzischen Raum Waldmünchen.
In manchen Fällen entstanden Wallfahrten auch gerade in der Reformationszeit neu um Gnadenbilder, die vor den Calvinisten in andere Orte geflüchtet wurden. Das gilt z. B. für Weißenregen auf dem steilen Hügel über Kötzting, wo ein aus Nabburg stammendes Bild aufgestellt worden sein soll.

Nach dem Anfall der kurpfälzischen Gebiete an Bayern und der Wiedereinführung des katholischen Glaubens in ihnen, blühte das Wallfahrtswesen dort wieder auf und erfuhr auch nachdrückliche staatliche Förderung. Dabei suchte man auch die Erinnerung an frühere Wallfahrten wieder zu beleben und an sie anzuknüpfen. So kam es Ende des 17. Jahrhunderts zu einem neuen Aufschwung und im 18. Jahrhundert im Geist des Barocks zu großen festlichen Kirchenbauten. Zu den künstlerisch bedeutendsten Wallfahrtskirchen gehören die geniale Dreifaltigkeitskirche Kappel von Georg Dientzenhofer bei Waldsassen und die Kirche »Maria Heil der Kranken« auf dem Habsberg in ihrem strahlendem Rokokogewand, neben der die ältere kleine Gnadenkapelle das Wallfahrtsbild und ein Stiftervotivbild aus der Zeit nach 1682 enthält.
Auch die Mariahilf-Kirche bei Freystadt von Viscardi, die Dehio den bedeutendsten Zentralbau des bayerischen Barocks nennt, und die glanzvolle Dientzenhoferkirche Mariä Namen (Maria vom Siege) in Trautmannshofen ragen nicht nur geistlich sondern auch künstlerisch hervor. Ein ungewöhnlicher später Bau von besonderer Stimmungskraft ist die einsame Herz Jesu-Kirche auf dem Kreuzberg bei Velburg, die auf eine von zwei Eremiten aus dem Rheinland errichtete Heilig Grab-Kapelle zurückgeht. Das älteste unter den interessanten Votivbildern in dieser Kirche des oberpfälzischen Jura dankt merkwürdigerweise dafür, daß Seefahrer 1782 »auf dem hochen Mehrr Hilff empfangen«. Die Wallfahrtskirche zeichnet sich durch eine vorzügliche Empireausstattung aus, die einem schon an der Kirchentüre begegnet und sich an den Wangen der Kirchenstühle, der Kanzel und den Altären fortsetzt; so ist die Muttergottes an einem Seitenaltar als höfische, elegante »Dame von Welt« dargestellt.

*Ältestes Votivbild in der Wallfahrtskirche Herz Jesu bei Velburg aus dem Jahr 1782 zum Dank für Errettung aus Seenot*

*S. 94: Marienaltar mit Joachim und Anna in der klassizistischen Wallfahrtskirche Herz Jesu bei Velburg*

*S. 95: Die 1730 errichtete Marienwallfahrtskirche »Heilbrünnl« bei Roding mit dem Heilbrunnen im Innern der Kirche*

Anknüpfungspunkte für die gläubige Verehrung des Volkes sind nicht nur Heiligenreliquien oder Gnadenbilder wie in den eben genannten Wallfahrtsorten, sondern auch heilkräftige Brunnen wie das Johannisbründl bei der Wieskirche in Moosbach für Augenleiden, das Sebastiansbrünnlein in Breitenbrunn, die Quelle bei den Sträucherröhren bei Untertraubenbach, das »Brünnl«, eine kleine Marienwallfahrtskirche bei Nabburg, zu der neuerdings als Osterritt eine Pferdewallfahrt von Nabburg aus führt, und das Heilbrünnl bei Roding, dessen Quellbrunnen inmitten der Kirche fließt.

Viele Orte wären zu nennen, die heute noch großen gläubigen Zulauf haben und bei denen sich dann ein barock anmutendes Leben und Treiben entwickelt, wie vor allem die Dreifaltigkeitskirche Eichelberg bei Hemau, die Mariahilfkirche in Amberg mit ihrem Bergfest oder die Annakirche in Sulzbach-Rosenberg.

Daß die um Hilfe bittenden oder erhörten Beter dort Votivtafeln oder Votivgaben zurücklassen, ist ein alter, bis heute geübter Brauch. Das können Bilder, Krückstöcke, Arbeitsgeräte, Gliedmaßen aus Eisen, Silber oder Wachs oder auch Hufeisen sein, die an die Kirchentüre genagelt werden.
Oft bringen die Wallfahrer auch eine große Kerze, deren Holzkern mit geschmücktem Wachs ummantelt ist, und stellen sie in der Kirche neben den früheren, jahrhundertealten Opferkerzen auf.
Die Anziehungskraft der Wallfahrtskirchen war so groß, daß in der östlichen und nördlichen Oberpfalz in älteren Zeiten auch die damals noch offene Grenze kein Hindernis war. Regelmäßig kamen aus dem böhmischen Raum Pilger z. B. nach St. Quirin oder Fuchsmühl oder auf den Kreuzberg in Pleystein.

Eine Art ständischer Wallfahrt ist der Kirchenzug, der die oberpfälzischen Bergleute in ihren schwarzen Trachten bis heute in Auerbach, Sulzbach-Rosenberg, Waidhaus, Wackersdorf, Schwarzenfeld, Pon-

*Votivgaben in der Wallfahrtskirche Mariä Himmelfahrt in Weißenregen bei Kötzting*

EXVOTO
EX VOTO
1900

holz und die Stullner Flußspatleute in Nabburg am Tag ihrer Schutzpatronin, der hl. Barbara, mit Fahnen und Blasmusik zum Gottesdienst führt, an den sich dann die weltliche Feier anschließt. Zur hl. Barbara in der weithin sichtbaren Kapelle auf dem hohen Eixlberg bei Pfreimd führte auch eine der berühmtesten Wallfahrten der Diözese Regensburg im 18. Jahrhundert; immer noch wird sie viel von Bittgängen und Wanderern aufgesucht und der Barbaratag hier festlich begangen.

Ist es bei Hammer und Schlägel, den Werkzeugen der Bergknappen, der urtümliche Bezug zu Erz und Kohle, dem »Gold der Erde«, ist es bei den Heilbrunnen die elementare Anziehungskraft des Wassers, so spielt bei anderen Wallfahrten das Pferd, der alte Gefährte des Menschen, seine besondere Rolle. Das ist eindrucksvoll beim Pfingstritt in Kötzting zu erleben, der seit 1412 einen Zug von Reitern durch die Felder zur Nikolauskirche in Steinbühl zum Gottesdienst führt. Sie ziehen hinter einem alten Kreuz her und versammeln sich am Ende zu einer Feier am Marktplatz, bei der Ehrenbänder für 25-jährige und 40-jährige Beteiligung ausgegeben werden, wobei es schon zählt und festgehalten wird, wenn ein Bub mit seinem Vater auf dem Pferd reitet.
In ähnlicher Weise wurde in Tännesberg der St. Jodok-Ritt, der auf ein Gelübde von 1796 anläßlich einer großen Viehseuche zurückgeht, als Wallfahrt zur St. Jodok-Kirche wiederbelebt. Hinter Gruppen in historischen Gewändern, dem Gemeinderat und dem auf einem Wagen mit vier Pferden mitgeführten Allerheiligsten ziehen viele Gläubige, die von weit her kommen, durch die Flur hinaus, versammeln sich zum Feldgottesdienst und zur Pferdesegnung und kehren dann zur Pfarrkirche zurück, wo Erinnerungsbänder an die Reiter verteilt werden. Am Nachmittag ziehen diese noch einmal festlich durch die Straßen des Marktes. Auch die Martiniritte in Warzenried und in Miltach und der Leonhardiritt am Ostermontag in Furth i. Wald zählen zu diesen wiederbelebten Bräuchen.

*Bild in der Wallfahrtskirche »Zum gegeißelten Heiland« am Steinberg bei Bärnau; oben die Kirche und das frühere Zollhaus, in der Mitte Christus an der Säule und am Tisch Mitglieder der Zünfte über den Zunftzeichen, unten die Stadt Bärnau, aus der eine Prozession zur Wallfahrtskirche zieht*

Diese Wahlfahrts-
Kirche, ist von Handt-
werk der Wagner, und
Schmid, gegründet worden,
den, 10. Juni 1752.
anno 1860 ließ Anton
Wolf Schmidmeister
dieses Bild wieder
Erneuern.

*St. Jodoks-Ritt in Tännesberg*

 ◁ *Doppelgeschoßige St. Ägidiuskapelle am Kreuzhof bei Regensburg*

Flurprozessionen, Umzüge und Bittgänge, auf denen mit Gesängen und Gebeten der Segen des Himmels auf die Felder herabgefleht wird, gehören seit alters zur bäuerlichen Volksfrömmigkeit. In der Oberpfalz, die noch so viel Landwirtschaft aufweist, ziehen sie in vielen Gebieten immer noch mit Kirchenfahnen, Ministranten und dem Priester mit dem Allerheiligsten und den betenden Gläubigen farbenfroh durch die Natur.

Wie es zur altbayerischen und bei vielen Oberpfälzern bis heute geübten Lebensart gehört, Kirchfahrten, Wallfahrten zu haben, so kennzeichnet es ein altbayerisch besiedeltes Land, daß es verstreut einsame, allein stehende Kirchen und Kapellen besitzt, die auf freiem Plan stehen, meist von einem alten Baum beschirmt, oder mitten im Wald, immer ganz in die Landschaft gestellt und mit ihr eins, stille Stätten des Gebets und zugleich weihende Erhöhungen des Landes.
Die wohl älteste und geschichtlich bedeutendste in der Oberpfalz ist die Kreuzhofkapelle an der Hafeneinfahrt von Regensburg. Dieser einschiffige romanische Bau aus dem 12. Jahrhundert, in dem sich über dem Kapellenraum ein profanes Obergeschoß befindet, ist nach der Überlieferung zugleich der Platz, an dem zwischen Friedrich Barbarossa, Heinrich dem Löwen und Heinrich Jasomirgott 1156 die Vereinbarung getroffen wurde, die als »privilegium minus« in die österreichische Geschichte eingegangen ist: Durch sie wurde die Ostmark vom Herzogtum Baiern abgetrennt und zum selbständigen Herzogtum erhoben. So ist diese altehrwürdige Kapelle die Geburtsstätte Österreichs als Herzogtum.
Zu den einsam gelegenen Kirchen gehören auch viele der alten Wallfahrtskirchen wie St. Sebastian in Breitenbrunn, Marienstein auf der hohen Granitkuppe bei Falkenstein, St. Quirin und St. Felix bei Neustadt an der Waldnaab, der Fahrenberg bei Vohenstrauß.
Oft sind es aber auch Kirchen am Rand von Siedlungen wie der reizvolle Bau der Kapelle des hl. Franz von Paula in Weihersberg bei Pressath mit der gewölbten Rotunde mit geschweiftem Dach und einem quadratischen Vorbau mit Türmchen.

*Kapelle des hl. Franz von Paula in Weihersberg, Grablege der Frhrn. v. Hirschberg*

Ähnlich besitzt Velburg in seiner Umgebung die 1467 von einem Weidener Maurer errichtete Kirche des hl. Wolfgang mit ihren bedeutenden gotischen Altären, den schönen gotischen Bändern und Beschlägen an der Sakristeitüre und dem alten gedrechselten Kommuniongitter und bei ein paar Häusern das äußerlich so unscheinbare Kirchlein von St. Colomann von 1732 mit seinem alten Kirchengestühl und der frühbarocken Kanzel vor der Gestalt des Heiligen. Im übrigen ist in Velburg selbst die kleine gotische St. Anna-Kirche mit ihren Altären ebenso sehenswert wie die große barocke Pfarrkirche, die neben schönen gotischen Figuren und einer Akanthusausstattung im rechten Seitenschiff ein Deckengemälde der Seeschlacht von Lepanto enthält, des weltgeschichtlichen Sieges, den Don Juan d' Austria, der Sohn Kaiser Karl V. und der Regensburgerin Barbara Blomberg, 1571 über die Türken errang.

Als Gegenstück zu einsamen Kirchen auf freiem Feld, aber auch zu prachtvollen barocken Wallfahrtsstätten wie der Kappel auf der Hochfläche des Glasberges bei Waldsassen steht nordöstlich von Wondreb, in der Nähe eines Dorfes mit dem Namen Altmugl mitten im tiefen Wald, an der Kreuzung mehrerer Wege in völliger Einsamkeit das kleinste aller solchen Heiligtümer, die Kapelle »Zum Alten Herrgott«, ein winziger Raum, der nur vier Menschen faßt, die dann vor der segnenden Gestalt des Alten Herrgotts mit der Weltkugel und dem Kreuz in der Hand stehen. Diese Kapelle ist 1676 von einem Kapitänleutnant Magnus Bartl, der sich in der Wildnis verirrt hatte, auf Grund eines Gelöbnisses errichtet worden und bis heute ein anrührendes Zeugnis des gläubigen Sinnes unserer Vorfahren. Die Figur selbst ist freilich nur noch eine Kopie, weil man das Original zum Schutz vor Diebstahl im Pfarrhof von Wondreb verwahrt.

Im Wirkungsbereich des Stifts Waldsassen, von einem Laienbruder Philipp Muttone und dem Maurermeister Philipp Mühlmayr aus Bärnau geschaffen, steht nahe bei Marchaney, zwischen Griesbach und Bärnau, als ein besonderes Kleinod eine barocke Rundkirche mit niederer Kuppel aus dem Jahr 1733, die dem hl. Jakobus dem Älteren geweiht ist. Als eine kleine und ferne oberpfälzische Schwester der berühmten Wallfahrtsstätte mit den Gebeinen des Heiligen im spanischen Santiago de Compostela, deren Fassade im Deckengemälde über der Orgel zu sehen ist, verdient sie einen pilgernden Besuch.

105 *Der »Alte Herrgott« in der Kapelle von 1676 im Wald bei Altmugl*

# Der Tod

Vom Tod, dem Schatten des Lebens, dem drohenden dunklen Tor zur anderen Welt, das sich oft so unversehens öffnet, gibt es in der Oberpfalz viele ungewöhnliche Zeugnisse künstlerischer und volkstümlicher Art. Man möchte meinen, er sei den Oberpfälzern besonders stark zum Erlebnis geworden, und findet das bestätigt, wenn man an die besondere Lage des Grenzlands und die vielen kriegerischen Auseinandersetzungen denkt, in die es auf Grund dieser Lage verwickelt wurde und unter denen die Bevölkerung tief litt.
Am schrecklichsten waren wohl die Leiden während des Dreißigjährigen Krieges. Man braucht z. B. nur die Ortschronik von Eslarn zu lesen, um dort belegt zu finden, daß zwischen 1620 und 1648, also fast ein Menschenalter lang, kaum ein Jahr verging, ohne daß es zu Kämpfen oder wenigstens Durchzügen und Einquartierungen von Truppen kam, sei es kaiserlichen oder kurbayerischen, den Mansfeldischen oder den Schweden, und damit verbunden zur Ablieferung oder Wegnahme von Geld, Vieh und Getreide, zu Plünderungen und Gewalttaten, Drangsalen und Torturen. Die Leute flohen aus Angst vor der Soldateska in die umliegenden Wälder; als sie zurückkehrten, fanden sie die Häuser leergeplündert oder niedergebrannt, so daß sie kaum mehr etwas zum Leben hatten. Mehrmals, vor allem 1634, wurde auch noch die Pest eingeschleppt und brachte vielen Menschen den Tod. Am Ende der dreißigjährigen Plage war das Land weitgehend verwüstet und nur noch ein Teil der gequälten Menschen am Leben.
Dieser Hintergrund ist zu bedenken, wenn man in der Anna-Kapelle von 1660 in Roding das große Totentanzbild betrachtet, auf dem eine mächtige Gestalt des Todes mit Pfeil und Bogen auf eine vorbeiziehende Prozession aus vielen Ständen, vom Papst und Kaiser bis zum Bürgersmann, zielt, die wiederum ein Tod als Spielmann anführt und aus der sich immer wieder ein Knochenmann ein Opfer greift.

*Totentanz in der St. Annakapelle in Roding (Ausschnitt)* 106

Ein ganz anders gestaltetes eindrucksvolles Beispiel ist die Decke der Friedhofkapelle zu Wondreb, an der zwanzig Totentanzbilder und acht Symbole kirchlicher und weltlicher Würdenträger je auf einem Totenschädel dargestellt sind. Sie soll mit einem persönlichen Aufenthalt Abraham a Santa Claras in Waldsassen zusammenhängen, zu dem Wondreb gehörte. Auf jeden Fall lehnen sich die Wondreber Bilder an Kupferstiche an, die der Nürnberger Christoph Weigel zum letzten Werk des großen barocken Wiener Volkspredigers, »Todten-Capelle«, aus dem Jahr 1710 geschaffen hatte, einer Betrachtung über den Tod und einer Gegenüberstellung jeden Standes mit ihm. Danach dürften die Wondreber Totentanzdarstellungen, diese besonderen Zeugnisse barocker Volkskunst, mit denen eine mittelalterliche Tradition fortgeführt wird, aus der Zeit zwischen 1710 und 1720, möglicherweise von einem Waldsassener Malerbruder, stammen. Je ein lateinischer und ein deutscher Spruch rahmen Bilder von der Hinfälligkeit des menschlichen Lebens, der ständigen Gegenwart und dem jähen Zugriff des Todes, sei es auf die vornehme Tischgesellschaft oder den reichen Mann, den Spieler oder den Gaukler, den Blinden oder den Krüppel, den Bauern, den Reiter oder das Kind in der Wiege.
Einen kleineren, späteren Totentanz von 1780 aus wenigen Gruppen enthält im selben Stiftland noch die Friedhofkapelle Mariahilf in Mitterteich.

Spiegelt sich in diesen unpersönlichen, alle Stände treffenden Darstellungen das unmittelbare Erleben oder das Nachbeben der Schrecknisse einer an Todeserfahrung reichen Zeit, so findet die Vergänglichkeit des irdischen Lebens einen drastischen, die Erwartung des ewigen Lebens einen tröstlichen, jede von beiden einen künstlerisch starken Ausdruck in einzelnen Grabmälern von besonderer Eindringlichkeit. So zeigt in der Kirche von Reichenbach am Regen der Epitaph des 1486 verstorbenen Wittelsbachers Johann von Mosbach das Bild eines verwesenden, zerfressenen und zerfallenden Leichnams zwischen Wappen haltenden Löwen.
Rührend sind die beiden in fürstlicher Pracht dargestellten, aber barfüßigen Kinder Georg Friedrich und Friedrich Casimir des Pfalzgrafen Friedrich von Vohenstrauß auf dem Totenrelief von 1590 in der Kirche St. Sebastian in Weiden, zu deren Füßen der Tod mit Pfeil und

109 *Eine Totentanzdarstellung an der Decke der Friedhofskapelle von Wondreb*

Bogen auf die Zwillinge schießt und ein anderer Tod ein Kind mit seiner Sense niedermäht.
Tröstlich wirkt dagegen das von dem Regensburger Elias Räntz geschaffene Grabmal, das der Pastor Adam Rösler zu Neustadt am Kulm 1683 der »triga filiorum«, dem »Dreigespann seiner Söhne«, widmete, die der Tod hinweggerafft hatte. Das zarte Lächeln des Kindes auf dem Epitaph ist der Widerschein der ewigen Seligkeit, in der der Vater für sie »ungestörte Ruhe« und »freudige Berufung durch Christus« erhofft.
Wiederum in einer anderen Friedhofskapelle, einem Bau von 1604 in Kemnath, ragt unter zahlreichen Grabsteinen besonders der des Gerichts- und Kastenamtsschreibers Johann Michael Pelhamer von 1712 hervor, der »ans Letzt Gricht im schreiben denkht« hat: Auf seinem Grabstein tragen zwei Totengerippe Schrifttäfelchen mit Texten im Stil der Amtssprache des Verstorbenen wie »Decret zu Leben 67 Jahr vom 24. Jun. 1645« – »Befehl zu Sterben den 21. Dez. 1712«, ferner sind zwei Bücher abgebildet: »Protocoll. Böses – Guets« und »Rechnung. Abzulegen vor dem strengen Richter« sowie eine »Quittung des Zeitlichen« und »Expektanz des Ewigen«. Darunter ist an der Wand ein Weihwasserkessel in Gestalt dreier Totenschädel angebracht, durch deren Augenhöhlen sich eine Schlange windet – eine Darstellung, die an das Schriftwort erinnert vom »Stachel des Todes,

*Altar der Kapelle der Armen Seelen-Bruderschaft in Vilshofen*

◁ *Weihwasserbecken in der Friedhofskapelle von Kemnath: Totenköpfe, durch deren Augenhöhlen sich eine Schlange windet*

der Sünde« (1 Kor 15,56), verkörpert durch die Schlange, ein Motiv, das schon in dem berühmten Mosaik des Jüngsten Gerichts im Dom von Torcello bei Venedig aus dem 13. Jahrhundert vorkommt.

In all diesen Zeugnissen, die sich an die Nachwelt wenden – welche Frömmigkeit, welche Gotteszuversicht, welches Vertrauen auf die Gemeinschaft der Gläubigen, die der Toten gedenken und ihnen ihre Fürbitte zuwenden! Wie sollte es sich sonst erklären, daß etwa in der Friedhofskapelle St. Mater Dolorosa in Breitenbrunn, die 1737/38 gebaut wurde, die Decke mit vielen Bildern ausgestattet ist, auf denen die Armen Seelen mit flehend erhobenen Händen um die Zuwendung und Zuneigung der Lebenden bitten. Ebenso wurde in Vilshofen, der Gemeinde mit den drei Kirchen auf dem Berg, die Wand der Kapelle der Armen Seelen-Bruderschaft in der ersten Hälfte des 18. Jahrhunderts über und über mit Bildern von Armen Seelen im Fegfeuer bedeckt und auch in dem wunderschönen Altar wird ihrer gedacht.

Das Gedächtnis der Toten unter den Nachfahren lebendig zu erhalten und zugleich an die stets gegenwärtige Drohung des Todes zu erinnern, ist schließlich auch der Sinn der Totenbretter, die es früher viel in unserer Landschaft gab und die man neuerdings vereinzelt wieder sieht. Ihr eigentlicher Zweck war ursprünglich sehr nüchtern. Sie dienten bis zum Anfang des 20. Jahrhunderts zum Aufbahren des Verstorbenen, aber früher, zu einer Zeit, als man die Toten noch nicht in Särgen begrub, auch dazu, die in Leinen gewickelten Leichname auf ihnen in das Grab zu senken oder von ihnen in das Grab gleiten zu lassen. Das nicht mehr verwendete Brett wurde dann oft mit drei Kreuzen bezeichnet und auf viel begangene Wege, über Gräben oder sumpfige Stellen gelegt, wo es verfaulte oder vermoderte; erst danach sollte die Seele des Verstorbenen Ruhe finden. Später wurde es Brauch, das Brett mit dem Namen und den Daten des Toten und mit einem Gebet oder einem frommen oder erinnernden Spruch zu beschriften, häufig auch mit einer Uhr zu bemalen, die die Sterbestunde anzeigte, und es im Freien zur Erinnerung und als mahnendes Zeichen der Vergänglichkeit anzubringen oder aufzustellen.

*Alte Totenbretter bei Neukirchen b. Hl. Blut* 112

Zur frommen

Im bayerischen und oberpfälzischen Wald geschah das überwiegend in aufrecht stehender Form; in der nördlichen Oberpfalz gab es mehr liegende Totenbretter. Daneben trat auch die Form der in einem Baum aufgehängten Totentafeln, z. B. in der Totenlinde auf dem Marterrangen in Eichelberg bei Pressath.
Neuerdings werden Totenbretter sowohl in der stehenden wie in der liegenden Form nicht zur Aufbahrung sondern als reine Erinnerungstafeln wieder angefertigt und vor allem von Heimatvereinen verdienten Mitgliedern gewidmet. Damit wird nicht nur ein alter Brauch wieder belebt, sondern auch der so viel verdrängte und doch vom Leben nicht zu trennende Gedanke an den Tod dem heutigen Menschen gerade in der freien Natur wieder bewußt gemacht und nahe gebracht, die ihn selbst das ständige Werden und Vergehen eindringlich erleben läßt.

*Neue liegende Totenbretter bei Waldthurn*

*Schmiedeeisernes Kreuz im Friedhof von Dietkirchen*

Wie den Verstorbenen Liebe gilt und ihr Andenken in Ehren gehalten wird, erweist sich auch in der Gestalt und Pflege der Friedhöfe. Hier gibt es in der Oberpfalz eine Reihe kostbarer und stimmungsvoller Stätten, insbesondere wenn eine ganze Anlage durch die einheitliche Verwendung von Holzkreuzen oder schmiedeeisernen Kreuzen und entsprechendem Blumenschmuck ein geschlossenes Bild bietet wie in Dürnsricht bei Schwarzenfeld, im Waldfriedhof am Habsberg oder in dem nahe gelegenen Dietkirchen.
Besonders schön sind auch die bemalten schmiedeeisernen Grabkreuze vor der Kirche von Chammünster.

# Barocke Formen und Rokoko

Tod und Leben, Jenseits und Diesseits in ihrem Zusammenhang und als Einheit zu sehen, wie es in den Totentanzdarstellungen und Totenbrettern geschah – das entspringt barocker Sicht der Dinge. Die Welt in die Kirche zu holen und das Leben draußen religiös zu durchdringen, Geistiges und Sinnenhaftes zu verbinden, Irdisches als Weg zum Überirdischen und zugleich als seine Einbruchsstelle zu sehen, Weltfreudigkeit und Weltfrömmigkeit, die ganze Fülle des Daseins als Geschenk und Aufgabe – das ist barockes Empfinden und Lebensgefühl. So klingen in den Werken der Kunst und im gestalteten Alltag Himmel und Erde in einer einmaligen Pracht der Farben und Formen zusammen – in der kraftvollen Welt des bildhaft und sinnenhaft empfindenden Baiern und damit auch des Oberpfälzers.

Wie eine Welle ging dies übers Land, als die gröbsten Schäden des Dreißigjährigen Krieges überstanden waren und neuer Lebensmut die Menschen erfaßte. Alte Klosterkirchen wurden barockisiert oder – noch später – mit einer Rokokoausstattung versehen, wie Plankstetten und Reichenbach, St. Emmeram und die Stiftskirche zur Alten Kapelle in Regensburg. Andere wurden in barocker Gestalt völlig neu gebaut wie Speinshart mit dem Stuck von Luchese und den schönen Stuhlwangen, an denen immer wieder ein mit Rosen umwundener Putto ein Werkzeug der Passion hält, und Waldsassen mit der größten Kirchen- und Klostergruft Deutschlands, dem schweren Stuck seiner Kirche, den leuchtenden Deckengemälden, dem Chorgestühl von Martin Hirsch und dem berühmten Bibliothekssaal im Kloster, der durch die Schnitzarbeiten von Carl Stilp hervorragt. Auch Ensdorf mit dem Frühwerk von Cosmas Damian Asam zählt dazu sowie Michelfeld bei Auerbach am Platz des alten Klosters, ein Werk Wolfgang Dientzenhofers, von den Brüdern Asam ausgestattet, und Pielenhofen, ein Bau des Vorarlbergers Franz Beer.

Klösterliche Glanzstücke des Rokoko mit aller Eleganz und Beschwingtheit, Farbigkeit und Lichtfülle von Raum und Gittern, Stuck und Bildern sind die Kirche des ehemaligen Benediktiner-

klosters Frauenzell und der intime Raum der Kirche der ehemaligen Salesianerinnen in Amberg, deren prächtige Orgel von einer großen muschelförmigen Empore getragen wird.
Zu den bedeutenden barocken Bauten zählte einst auch die stattliche Kirche mit zugeordneten Wohngebäuden, die der Abt von Speinshart 1741 auf dem nahe gelegenen Barbaraberg erbaute. Sie hebt sich noch als eindrucksvolle Silhouette vom Himmel ab, aber bei näherem Betrachten entpuppt sie sich als bloße Fassade, weil die Kirche nach der Säkularisation verkauft, teilweise abgebrochen und am Ende durch Blitzschlag zerstört wurde. Die Kanzel wurde in die Kirche von Parkstein übertragen, auf dem mächtigen Basaltkegel in der nördlichen Oberpfalz.
Nicht nur die großen Klöster, die alten geistlichen und kulturellen Mittelpunkte der Oberpfalz, ließen sich von dem begeisternden Schwung der neuen Kunst- und Lebensform ergreifen. Er erfaßte das ganze Land. Wallfahrtskirchen wie die in Stadlern wurden umgestaltet, neue im barocken Stil erbaut, wie die mächtige Mariahilf-Kirche in Amberg oder die liebliche, von Bäumen umgebene Sebastianskirche von Ottengrün, die als die »Kleine Kappel« auf ihrer Anhöhe bei Neualbenreuth sich neben der »Großen Kappel« bei Waldsassen als kleinere Schwester eigenständig behauptet. Pfarrkirchen und noch die letzten Dorfkirchen wurden zu Zeugnissen der neuen Lebens- und Glaubensfreude. Die zeitliche und künstlerische Spannweite reicht von der frühen, äußerlich so unscheinbaren, im Innern mit ihrem Bildwerk und dem tief gestaffelten Baldachinaltar so eindrucksvollen lichten Mariahilf-Kirche zu Pfreimd, einem Werk des Baumeisters und Stukkateurs Johann Schmuzer aus der Wessobrunner Schule von 1680, über den wehrhaften Bau der alten gotischen St. Georgskirche von Amberg, deren Stuckierung und deren bedeutende Apostelfiguren an den Hochgadenwänden des Mittelschiffs gegen 1720 wohl der Wessobrunner Johann Baptist Zimmermann, der Mitgestalter der berühmten Wieskirche in Oberbayern, schuf, bis zu dem einzigen Werk, das der große Johann Michael Fischer aus Burglengenfeld in seiner heimatlichen Oberpfalz errichtete: der Maria Schnee-Kirche bei Aufhausen von 1757.

*Rokokoaltar in der Kapelle des hl. Leonhard in der Pfarrkirche von Beidl*

Dem Rokoko gehört in Beidl, dem Ort mit dem sagenumwobenen Stein mit den drei Kreuzen im Sulzteich, die Kapelle des hl. Leonhard an, deren Zugang sich hinter dem Hochaltar der Pfarrkirche verbirgt; der feingegliederte Altar mit den schönen Heiligenfiguren stammt von Johann Andreas Riedl, einem Sohn der Gemeinde.
Ein besonderes Kleinod aus dieser Zeit ist die herrliche Valentinskirche in Arrach bei Falkenstein, die wie aus einem Guß geschaffen, farbenfroh und reich mit geschnitzten Figuren ausgestattet ist, deren Gesichter von ungewöhnlicher Ausdruckskraft sind.

*Pfarrkirche von Arrach:*
*Putten auf einem Beichtstuhl mit brennender Kerze als Lebenslicht, Todespfeil und Totenkopf sowie dem Höllendrachen als Attributen*

*Bekrönung des Schalldeckels der Kanzel: Der hl. Petrus als Fischer; ihm gleich soll der Prediger ein Menschenfischer sein (vgl. Lukas 5,10)*

Es ist die Zeit des ausgehenden 17. und der ersten Hälfte des 18. Jahrhunderts, die Zeit der Gebrüder Asam und der Dientzenhofer, der wandernden Italiener Carlone und Luchese wie auch vieler einheimischer Meister, die diese prächtigen Klöster und Kirchen mit ihren herrlichen Fassaden, Toren und Fensterfluchten und ihrer reichen malerischen und plastischen Ausstattung schufen.
So wurde das ursprünglich so stark romanisch und gotisch geprägte Land, das diesen ernsten Urgrund an so vielen Orten noch verspüren läßt, weithin mit dem festlichen Glanz des Barock und des Rokoko überzogen. Dabei zeigt sich nicht selten, daß beide, eine spätgotische Marienfigur und ein Rokokoaltar, der sie umgibt, sich wohl vertragen. Schöne Beispiele dafür sind die äußerlich einfache, im Innern aber ganz ungewöhnlich reich ausgestattete Kirche von Pemfling mit der Wallfahrtsfigur, ferner das gotische Vesperbild auf dem Hochaltar der Wallfahrtskirche Katzdorf und ein Seitenaltar in der einfacheren ländlichen Kirche von Seebarn. Dort steht in dem reich ausgemalten gotischen Chor auch ein besonders schöner barocker Altar der 14 Nothelfer, auf dem sich auch eine bezaubernde Figur der hl. Barbara befindet, der Patronin der Bergleute, die sie in der Oberpfalz bis heute hoch verehren (siehe Titelbild).
Eine Besonderheit, welche die Oberpfalz seit jener Zeit auszeichnet, sind die Akanthus-Altäre. Bei ihnen ist das gemalte Altarbild oder eine geschnitzte Figur von einem oft geradezu üppig wuchernden Rahmen aus Ranken und Blättern des Akanthus, der schon in der Antike als Schmuckornament verwendeten Pflanze aus dem Mittelmeerraum, umgeben, so daß ein lockeres, farbig warmes, meist golden glänzendes bewegtes Gesamtbild entsteht, das nicht selten, z. B. in Eslarn, geradezu einer Monstranz gleicht und die Natur in den Kirchenraum hereinholt. Solche Altäre finden sich vor allem in der nördlichen Oberpfalz, z. B. in Reuth, Thumsenreuth, Leonberg, St. Quirin, Mühlberg bei Neustadt an der Waldnaab, Waldau, aber auch in Auerbach und in manchen Kirchen der südlichen Oberpfalz (z. B. Seubersdorf, Velburg). Einer der schönsten unter ihnen ist vielleicht der schlichte, überaus geschlossen wirkende Altar der kleinen Schloßkapelle in Holzhammer bei Schnaitenbach. Häufig wurden auch andere

*Akanthusaltar in der Schloßkapelle von Holzhammer um 1690*

Bestandteile der Kirche mit Akanthusformen geschmückt wie die Kanzel in Reuth oder die Kirchenstühle in Velburg.

In manchen Kirchen, wie in Neustadt an der Waldnaab, Leuchtenberg, Winklarn und Eslarn, finden sich auch noch barocke Zunftstangen, die von den Abordnungen der Zünfte bei Prozessionen in der Kirche und über Feld und Flur mitgeführt wurden und eine Figur des Patrons des jeweiligen Handwerks tragen und ein Arbeitsgerät, z. B. ein Weberschiffchen oder einen Hobel, wiedergeben.
Ein bevorzugter Heiliger des Barocks in der Oberpfalz ist der aus dem benachbarten Böhmen stammende Johann Nepomuk, dessen Standbild überall an Straßen, Brücken, unter Bäumen und auf Altären zu finden ist. Am originellsten ist der »Doppelte Nepomuk« bei Schönsee: zwei Gestalten des Heiligen, die Rücken an Rücken stehen, der eine dem Osten, der andere dem Westen zugewendet, und deren Anordnung wohl darauf zurückzuführen ist, daß das Schönseer Land einst einerseits zur Kurpfalz, ab 1628 zu Kurbayern als Landesherrn gehörte, anderseits bis 1805 böhmisches Kronlehen war.
Als erste Kirche für den 1729 heilig gesprochenen Johann Nepomuk wurde in der Oberpfalz bereits 1731 die schön stuckierte Wallfahrtskirche in Waldeck mit seiner lebensgroßen Figur auf dem Altar errichtet, die nach dem Brand des auf dem Waldecker Schloßberg gelegenen Marktes 1794 zur Pfarrkirche des dorthin verlegten und neu aufgebauten Ortes wurde. In diesem Heiligen verkörpert sich auf besondere Weise die jahrhundertelange enge und für beide Seiten einflußreiche Verbindung zwischen der Oberpfalz und Böhmen.

Wie mit dem Prunk der Prozessionen, mit Fahnen, Zunftstangen, Weihrauch und Traghimmel, das Lebensgefühl dieser Zeit und mit den Nepomukstatuen der Heilige des Barocks ins Freie, auf Straßen und Brücken, und in die Natur hinausging und damit den Zusammenklang des Irdischen und des Überirdischen sichtbar machte, so wurden von demselben Geist auch ganze Plätze geprägt wie der Marktplatz von Stamsried durch die stattliche Anlage der von vier bewegten Heiligengestalten und Säulenschranken umgebenen Mariensäule.

125 *Akanthusstuhlwange in der Pfarrkirche von Velburg*

*Barocker Bibliothekssaal des ehemaligen Jesuitenkollegs (jetzt Provinzialbibliothek) in Amberg mit Stukkaturen und geschnitztem Schrankwerk*

127 ◁ *Der »doppelte Nepomuk« bei Schönsee*

So sind es auch nicht nur kirchliche, sondern ebensosehr weltliche Gebäude, die dem neuen Stil folgten. Fassaden, wie die wohlgestaltete knappe des schmalen Rathauses von Schnaittenbach, Erker, Fenster- und Wandschmuck wie an dem Fenzl-Haus in der Georgenstraße in Amberg, Portale an Bürgerhäusern und festliche Säle, Treppenhäuser und Höfe erhielten ihre künstlerische Kraft und ihre bewegende Wirkung auf die Menschen durch die überwältigende neue Formensprache mit der Fülle der Farben, Linien und Gestalten, mit dem Licht und der Bewegung der Räume. Das erlebt man wiederum besonders stark in Amberg im Bibliothekssaal des ehemaligen Jesuitenkollegs, der jetzigen Provinzialbibliothek, mit ihrem Schrankwerk von 1680 und den Stukkaturen von 1730 und im selben Gebäude in dem lichtdurchfluteten Kongregationssaal mit seiner prächtigen Kassettendecke und dem späteren Rokoko an Altären und malerischen Emporen sowie in dem ehemaligen Morawitzky-Palais hinter dem Rathaus.
Vor allem die Schlösser sind der weltliche Inbegriff der gewaltigen künstlerischen Formkraft des Barocks.

# Residenzen und Hammerschlösser

Wenn auch viele Residenzen und Schlösser der Oberpfalz von barocker Gestalt sind, so reichen sie doch auf Grund ihrer Entstehung und ihrer Funktion teilweise viel weiter zurück. Schlösser dienen nicht mehr wie die alten Burgen in erster Linie der Wehrhaftigkeit und dem Schutz ihres Umlandes, sondern der Wohnlichkeit und Repräsentation und damit, dem von Humanismus und Renaissance geprägten Denken und Empfinden entsprechend, vor allem dem Bedürfnis des Menschen nach behaglichem und zugleich standesgemäßem Wohnen und nach Raum für festliches Feiern. Residenzen sind darüber hinaus die Regierungssitze weltlicher oder geistlicher Landesherren.

Die Oberpfalz weist auf Grund ihrer vielgestaltigen Territorialgeschichte in ihrem kleinen Gebiet eine ungewöhnlich große Zahl von Residenzen auf. An der Spitze steht Regensburg als Stadt der Herzogspfalz der Agilolfinger, Luitpoldinger und Welfen und der Königs- und Kaiserpfalz der Karolinger und Sachsen sowie als Sitz des Bischofs, der Reichsfürst war und im Bischofshof residierte, der in seiner ältesten Gestalt wohl Ende des 8. Jahrhunderts errichtet wurde und über tausend Jahre, bis zur Säkularisation 1803, die Stätte des geistlichen Landesherrn war. Neben Regensburg war am bedeutendsten Amberg, die alte Hauptstadt, in der die kurpfälzischen Pfalzgrafen zunächst das alte Schloß, den sogenannten Eichenforst, als Sitz hatten und später das im 15. Jahrhundert erbaute, 1602 erneuerte Kurfürstenschloß, die Residenz des Kurprinzen als Statthalters der Oberen Pfalz, in der sich jetzt das Landratsamt befindet.
Dem Statthalter stand der Viztum zur Seite, der vicedominus, der an der Spitze der Regierung als der obersten Behörde stand. Ihr stattliches Gebäude aus dem Jahre 1544 in der Regierungsgasse mit dem schönen Renaissanceerker ist heute Sitz des Landgerichts Amberg.
Von der Residenz der Leuchtenberger in Pfreimd, die 1372 ihren Sitz von Leuchtenberg dorthin verlegten, ist außer zwei Portalen am Rathaus fast nichts erhalten, doch birgt die Pfarrkirche zwei schöne

Grabmäler der Landgrafen Georg Ludwig und Ludwig Heinrich aus dem 16. Jahrhundert neben dem Hochaltar.
In Neunburg vorm Wald zeugen die Burg und das Neue Schloß davon, daß die Stadt von 1354 bis 1398 Residenz des Pfalzgrafen Rupprecht II. und nach der pfälzischen Landesteilung von 1410 wiederum eine der Residenzen des Pfalzgrafen Johann war, des Siegers über die Hussiten in der Schlacht von Hiltersried 1433, der sich auch in Neumarkt i. d. OPf. ein Schloß als Sitz der Hofhaltung errichtete. An Stelle dieses 1520 in Flammen aufgegangenen Baues schuf der kurpfälzische Pfalzgraf Friedrich II. 1539 in Neumarkt das stattliche Renaissanceschloß mit seinem schönen gliedernden Treppenturm neben der Hofkirche und dem Zeughaus, dem sogenannten Reitstadel, am heutigen Residenzplatz. Wenn er es auch bereits 1543 aufgab und seinen Regierungssitz wieder nach Amberg verlegte, erinnert es doch heute noch an diese Glanzzeit der Stadt, die damals Hauptstadt des größten Teils der Oberpfalz war.
Der Renaissance gehört auch die Friedrichsburg mit ihren runden Türmen in Vohenstrauß an, in der von 1586 bis 1597 Pfalzgraf Friedrich von Pfalz-Neuburg residierte.
In Sulzbach, wo Kaiser Karl IV. öfter weilte, das von 1656 bis 1790 Sitz eines eigenständigen wittelsbachischen Herzog- und Landesfürstentums war, wurde bereits für den Pfalzgrafen Ottheinrich II. ab 1582 das heutige Schloß als Residenz errichtet.
Den Fürsten von Lobkowitz, denen seit 1641 die Reichsgrafschaft Störnstein gehörte, diente in Neustadt an der Waldnaab zunächst das alte Schloß und ab 1720 der prächtige barocke Neubau als Residenz, der heute das Landratsamt beherbergt.
Schließlich steht in Regensburg heute noch das Schloß der 1748 von Frankfurt übersiedelten Fürsten von Thurn und Taxis, das aus dem ehemaligen Benediktinerkloster St. Emmeram und späteren Erweiterungsbauten besteht. Regensburg war auch von 1803 bis 1810 Haupt- und Residenzstadt des letzten geistlichen Fürstentums im alten Reich, des »Fürstprimatischen Staates« Carl Theodor von Dalbergs, der sei-


*Gotischer Kapellenerker an der Kemenate des alten Pfalzgrafenschlosses, des sogenannten »Eichenforst«, an der Vils in Amberg*

*Marmorgrabplatte des Landgrafen Ludwig Heinrich von Leuchtenberg († 1567) in der Pfarrkirche von Pfreimd*

*Marmorgrabplatte des Landgrafen Leopold von Leuchtenberg († 1463) im Turnierharnisch in der Pfarrkirche von Pfreimd*

nen Sitz in der ehmaligen Dompropstei, der heute noch so genannten »Residenz« beim Dom, hatte.

Landschlösser, die Sitze des niederen Adels, gibt es in der Oberpfalz in großer Zahl. Nicht wenige davon sind heute noch in den Händen alter adeliger Familien und damit lebendige Zeugnisse einer ununterbrochenen Kulturüberlieferung. An der Gestalt dieser vielen adeligen Landsitze läßt sich die Stilgeschichte der Baukunst ablesen. So weist das Schloß von Thumsenreuth von 1586, dessen Räume teilweise als Museum zugänglich sind, noch gotische Stilelemente auf. Es ist seit 1661 bis heute im Besitz der Freiherren von Lindenfels, deren Wappen auch in der neben dem Schloß gelegenen evangelischen Kirche die

*Darstellung des Triumphzugs der Bundeslade mit König David an der Emporenbrüstung der evangelischen Kirche von Thumsenreuth, darüber das Ehewappen Lindenfels/Trautenberg*

Orgelempore schmückt. Hier ist auch in einem reizenden Bild der Zug des Volkes Israel mit der Bundeslade, geführt von dem Harfe spielenden König David, dargestellt.

Ein Renaissanceschloß mit Uhrturm und Freitreppen von 1600 steht ansehnlich, wenn auch in etwas verfallenem Zustand, über dem Naabtal in Münchshofen bei Teublitz. Seltene Renaissancemalereien enthält das obere Schloß von Schmidmühlen, der ehemalige Hofmarksitz von 1600, mit seinem achteckigen Turm, das jetzt als Rathaus der Gemeinde dient. Ein eindrucksvolles Bild eines alten Herrensitzes bietet das Schloß in Blaibach aus dem Jahr 1604 mit seinem hohen Satteldach.

Weiherhäuser nennt man Schlösser, die von Wassergräben umgeben sind. Ein solches aus dem Anfang des 17. Jahrhunderts steht z. B. in Unterwildenau bei Luhe, ein anderes aus dem frühen 18. Jahrhundert in Köfering. Ein Wasserschloß war einst auch der ländliche, nur mit Erker, Pilastern und Portal geschmückte Edelsitz in Unterbruck bei Kemnath, der bei aller Einfachheit mit sicherem Formgefühl gestaltet ist.

Die erste barocke Ausstattung eines oberpfälzischen Schlosses enthält das Rondellzimmer von 1676 in dem alten, burgähnlichen Schloß Wörth; in diesem von Wessobrunner Künstlern geschaffenen Raum unterzeichnete 1806 Fürstprimas Dalberg die Rheinbund-Akte, die zum Ende des alten Reiches führte.

Im 17. Jahrhundert entstand auch der schöne zweigeschoßige Bau des Schlosses von Deining mit seinem Turm. Aus der Barockzeit stammt ferner die überaus originelle vierflügelige Anlage des Schlosses Ramspau mit seinen Zwiebeltürmen aus dem Anfang des 18. Jahrhunderts. In derselben Zeit wurden der dreigeschoßige Bau von Pirkensee mit den kräftigen Ecktürmen und einem Asamgemälde in der Kapelle sowie das Sommerschloß der Äbte von Waldsassen in Fockenfeld errichtet.

Wahre Glanzstücke altbayerischer Schloßbaukunst im höfischen Rokoko sind die achteckige Wasserburg in Sünching mit ihrem Festsaal von 1761 und der Kapelle mit dem prachtvollen Altar von Ignaz Günther und vor allem Alteglofsheim, das von Cuvillies und Cosmas Damian Asam ausgestattet wurde, der das herrliche Deckengemälde »Der Tag« im Ovalsaal schuf, auf dem er sich in der Gestalt eines Jägers selbst dargestellt hat.

Eine Besonderheit unter den Schlössern der Oberpfalz sind die Hammerschlösser. Sie stammen aus der Zeit, in der dieser Raum, das sogenannte »Ruhrgebiet des Mittelalters«, mit seinem Bergbau und Hüttenwesen ein Schwerpunkt der Eisenerzeugung in Europa war. Sie stützte sich auf die reichen Erzlagerstätten des Landes, die schon von den Kelten ausgebeutet worden waren; der Brennstoff kam aus den Wäldern, wo Baumfäller und Kohlenbrenner arbeiteten; Bauern übernahmen den Transport zu Land, Flößer den auf den Flüssen zur Donau und weiter zu den Verarbeitungs- und Handelszentren. An diese Zeit erinnern die Namen vieler oberpfälzischer Orte wie Blechhammer, Drahthammer, Eisenhammer, Hammermühle, Finkenhammer, Seebarnhammer, Staubershammer usw. Der Voithenberghammer wird noch am alten Platz in Voithenberghütte bei Furth i. Wald inmitten alter Geräte und Werkzeuge gezeigt und vom Wasser getrieben; der Staubershammer steht heute im Bergbau- und Industriemuseum Theuern und der Seebarnhammer, der vor wenigen Jahrzehnten noch gearbeitet hat, im Handwerksmuseum zu Hillstett.
Die meisten Hammerwerke gingen auf Grund des Zusammenbruchs dieses Wirtschaftszweigs nach dem Dreißigjährigen Krieg zugrunde, einige waren aber noch in unserem Jahrhundert in Betrieb. Weil zu ihrem Betreiben eine erhebliche finanzielle Leistungskraft erforderlich war, kamen als Besitzer nur entweder Landadelige mit großem Grundbesitz in Betracht oder Stadtbürger, die durch den Handel reich geworden waren. Sie verlegten dann nicht selten ihren Wohnsitz von der Stadt zu ihrem Hammerwerk aufs Land, erbauten sich Herrensitze als Zeichen ihres Wohlstands und ihrer Würde, die Hammerschlösser, und stiegen in den Adelsstand auf.
Eines der größten Hammerwerke im Norden der Oberpfalz war Dießfurt bei Pressath mit dem spätgotischen Wohnturm von 1526.

*S. 136: Schloß Unterbruck bei Kemnath*

*S. 137: Stukkatur im Rondellzimmer von 1676 in Schloß Wörth*

*S. 138: Der Seebarnhammer im Handwerksmuseum in Hillstett bei Rötz*

*Hammerschloß im italienischen Stil in Dietldorf an der Vils, erbaut von Baron Friedrich Eberhard Tänzl von Tratzberg um 1700*

 ◁ *Spätgotischer Wohnturm des Hammerschlosses Dießfurt*

Ein gotischer Bau ist auch das Hammerschloß von Rohrbach an der Vils, das lange Besitz und Lehen des Bischofs von Regensburg war, mit seinem Erker und dem über Eck gestellten Turmanbau.
Fronberg bei Schwandorf, dessen Blech- und Eisenhammer auf das Jahr 1461 zurückgeht, enthält den schönen Renaissance-Arkadenhof von 1587.
Eine Merkwürdigkeit besonderer Art ist das Schloß in Dietldorf an der Vils, das der Baron Tänzl von Tratzberg, einer der bedeutendsten Bergherren Nordtirols, um 1700 durch einen italienischen Baumeister im Stil einer toskanischen Villa errichten ließ, die sich so in die Oberpfalz verirrt hat.

Dieselbe Familie erbaute Ende des 17. Jahrhunderts das Hammerschloß in Traidendorf. Ein barocker Bau des 18. Jahrhunderts ist das Schloß von Holzhammer, in dessen Kapelle sich der schöne Akanthusaltar befindet.
Eindrucksvoll an der Vils, die ein bedeutender Schiffahrtsweg für Erz und Eisen war, liegt das stattliche Schloß Theuern von 1781, das lange Zeit der angesehenen, durch Kaiser Maximilian geadelten Familie Portner gehörte und heute das Bergbau- und Industriemuseum Ostbayern beherbergt, das mit seinen Sammlungen und seinen Außenanlagen, dem Förderturm, einem Eisenhammer, einem Schleif- und Polierwerk, von dieser Vergangenheit der Oberpfalz Zeugnis ablegt. Den Portner gehörte einst auch das interessante Hammerschloß Heringnohe bei Vilseck mit Blendnischen in den Giebeln und angebauter Kapelle.

## Neuem aufgeschlossen

So sehr dieses Land immer von den großen kulturellen Mittelpunkten abgelegen war, so sind die jeweiligen Bewegungen der Zeit und die Wandlungen der Kunst doch an ihm nicht vorbeigegangen. Das gilt für die frühe Zeit, als Romanik und Gotik das bauliche Bild in einer Weise prägten, die noch heute unübersehbar ist, und mönchische Erneuerungsbewegungen Europas nicht nur die Klöster auch dieses Gebietes erfaßten, sondern sogar in der Gestalt der St. Emmeramer und der Kastler Reformbewegung von hier ausgingen. Es ist ebenso in der Epoche festzustellen, als die Oberpfalz im Spannungsfeld zwischen Heidelberg und Prag lag und eine Blütezeit erlebte, der bis heute nichts Gleichartiges an die Seite getreten ist. Die Renaissance hat schon früh eindrucksvolle Zeugnisse in diesem Raum geschaffen. Barock und Rokoko haben ihn vielfältig mit Glanz erfüllt.
Diese Teilhabe an neuen geistigen Gehalten und künstlerischen Formen kennzeichnet auch das 19. und 20. Jahrhundert in der Oberpfalz. Der Klassizismus, der nicht mehr durch eine Fülle bewegter Formen und reicher Farben wie der Barock, sondern, der Antike folgend, durch klare Einfachheit und wohl abgewogenes schönes Maß wirken wollte, hinterließ bedeutende Werke in den Stadttheatern von Regensburg und Amberg, die beide wahre Kleinode in Gold und Weiß sind, sowie in dem sogenannten Präsidialpalais am Bismarckplatz in Regensburg, das ebenso wie das Stadttheater unter Dalberg von dessen portugiesischem Architekten Emanuel d'Herigoyen geschaffen wurde, weiter in dem noblen Festsaal der Regierung der Oberpfalz am Emmeramsplatz und in der verborgenen eleganten, doch sehr renovierungsbedürftigen Villa Lauser am Oberen Wöhrd in Regensburg, aber auch in der Ausstattung der einsamen Wallfahrtskirche Herz Jesu bei Velburg.
Das romantische Denken König Ludwig I. brachte den griechischen Tempel der Walhalla auf die Höhen östlich von Regensburg und König Maximilian II. ließ im neugotischen Stil, der auch die Maximilianstraße und das Maximilianeum in München prägt, am Donauufer nahe

dem Ostentor von Regensburg die sogenannte »Königliche Villa« erbauen, die mit ihren Türmen und Giebeln in dem sie umgebenden Park ein malerisches Bild bietet.
Selbst die Formenwelt des Jugendstils, der so sehr an die Großstadt gebunden schien, hat im Süden wie im Norden der Oberpfalz auf eigenständige Weise Aufnahme gefunden. So zeugt das Schulhaus der Armen Schulschwestern zu Niedermünster in Regensburg mit seinem eindrucksvollen Portal und dem mächtigen Turm von dieser Kunstepoche, die auch auf eine einheitliche dekorative Innenausstattung besonderen Wert legte. Sein Architekt Joseph Koch schuf auch 1911 das Cafè »Fürstenhof« in der Maximilianstraße in Regensburg, dessen geschwungene Fassade mit den Erkern, Balkonen und dem Mansarddach und dessen sorgfältige Innengestaltung bis hin zu den Fußböden, Fenstern, Türen und Türgriffen es zu einem Schmuckstück dieser fruchtbaren Kunstrichtung in Regensburg machen.
Auch auf den Kirchenbau griff der Jugendstil über. Die kleine evange lische Kirche in Furth i. Wald von 1903 ist ein neuromanischer Bau, der im Innern, vor allem an der Empore, auch Jugendstilelemente aufweist.
Das weitaus bedeutendste Werk dieser Zeit in der Oberpfalz befindet sich in Weiden. Die 1900 gleichfalls im neuromanischen Stil errichtete große St. Josefskirche erhielt 1905–1912 durch Franz Hofstötter eine einheitliche Innenausstattung im Jugendstil mit Glasfenstern, Stuckfiguren, Wand- und Deckenmalereien, Inschriften, Mosaiken und Reliefs, deren geheimnisvoll leuchtende Farbigkeit, deren reiches Ornament aus Blüten und Sternen, Tieren und Fabelwesen und deren Bilder- und Figurenfülle einen Gesamteindruck von mystischer Stimmung vermitteln und eine ungewöhnliche Wechselbeziehung zwischen Jugendstil und christlichem Gehalt herbeiführen. Dieser Bau wirkte sich auch auf die Gestaltung zahlreicher Profanbauten in der Stadt Weiden aus, von denen insbesondere in der Ketteler-, der ehemaligen Kirchenstraße noch Häuser mit Jugendstilelementen zu sehen sind.

Fragt man endlich, ob das Bauen unserer Zeit in der Oberpfalz seinen Niederschlag gefunden hat, so zeigt das ganze Land, wie die mit dem wirtschaftlichen Aufschwung nach dem Zweiten Weltkrieg verbundene Welle der Neubauten von Wohnhäusern und Fabriken, Schulen

*S. 145: Jugendstil-Stuckverzierungen des Gewölbes im Hauptchor der St. Josefkirche in Weiden von Franz Hofstötter: Phönix, Pfau und Hirsch*

*S. 146: St. Willibaldkirche in Woffenbach bei Neumarkt, erbaut von Franz X. Gärtner*

*S. 147: Inneres der St. Johanneskirche in Diesenbach bei Regenstauf, erbaut von Alexander Frhr. v. Branca*

und Verwaltungsgebäuden, Banken und Sparkassen sich der zeitgenössischen Formen bediente und in verhältnismäßig eintöniger Weise Bauten über das Land streute.
Indessen gelangen vor allem auf dem Gebiet des Kirchenbaus doch auch aus dem Rahmen fallende Leistungen. Schon 1938 schuf Dominikus Böhm mit der Wolfgangskirche auf einer Erhebung am Talrand von Regensburg im Stadtteil Kumpfmühl ein bahnbrechendes Werk, das sich für den, der von den südlichen Höhen auf die Stadt blickt, sogar neben der zweitürmigen gotischen Kathedrale mit eigenem Wert behauptet. Der mächtige von einem Dachreiter gekrönte kreuzförmige Baukörper mit den hochragenden Schiffen, deren zwischen Kalkstein- und Ziegelschichten wechselnde Wände sich nur in einer Fensterrose öffnen, verwirklichte – lange vor dem 2. Vatikanischen Konzil! – zum ersten Mal mit einem völlig neuen Grundriß die Idee eines Zentralbaues, der die Gemeinde von drei Seiten um den frei vor einem Lettner aufgestellten Altar als den geistigen Mittelpunkt der Kirche schart.
Aus den vielen Kirchenbauten nach dem Krieg seien nur stellvertretend als besonders gelungen der sechseckige Zentralbau der Dreifaltigkeitskirche des Missionszentrums St. Peter in Tirschenreuth von Bekkers, die Kirche in Neumarkt-Woffenbach von Gärtner, die evangelische Kirche in Oberviechtach von Gulbransson und das Kirchenzentrum in Diesenbach bei Regenstauf von Frhn. von Branca genannt.

Auch beim profanen Bauen gelingt zunehmend eine Abwendung von der modischen Eintönigkeit und eine individuelle Gestaltung und Lösung der baulichen Aufgabe von Gegenstand und Umgebung. Das zeigt sich etwa in den vielgliedrigen und doch ein geschlossenes Ganzes bildenden, wie um einen Dorfplatz gruppierten Gebäuden des Gemeindezentrums von Bernhardswald von Peithner mit der Wärme ihrer Ziegelmauern und -treppen im Innern oder in den reizvollen Bauten des Chamer Freibades von Hart. Unter den Industriebauten ragt vor allem das Glaswerk der Fa. Rosenthal in Amberg hervor, das letzte Werk des berühmten Architekten Walter Gropius.

Eine so riesige Aufgabe wie die neue Universität in Regensburg, die überwiegend aus Betonfertigteilen errichtet wurde, hat für ihre architektonische Gestaltung die höchste dafür zu vergebende Auszeich-

149 *Werkhalle des Glaswerks der Fa. Rosenthal in Amberg, erbaut von Walter Gropius*

nung, den Fritz Schumacher-Preis, erhalten. Die Verleihungsurkunde rühmt das Gelingen dieses großen Bauvorhabens damit, »daß durch das Konzept der richtige Ausgleich zwischen individueller Freiheit – in der Gestaltung der unterschiedlichen Gebäude – und übergeordneter Bindung – die das Erscheinungsbild der Gesamtanlage prägt – erreicht wurde«. Dazu gehören auch die Einbeziehung der Umgebung mit dem immer wieder offen gehaltenen Durchblick auf den Dom der Altstadt und die lockere Gliederung der modernen, sparsamen und doch dem flutenden studentischen Leben dienenden Bauten.

Inzwischen wird der graue Beton immer häufiger von gelungenen Ziegelbauten verdrängt wie dem Landratsamt in Schwandorf, der Realschule in Amberg, dem Rotkreuz-Heim in Pleystein oder dem Studentenheim des Bezirks in Regensburg am Ziegetsberg.

Auch Brücken können Ausdruck neuen Bauens sein und mehr oder weniger gut gelingen. Gelungen sind sicherlich die Brücke über die Autobahn bei Neustadt a. d. Waldnaab und die elegante große Schwabelweiser Brücke über die Donau östlich von Regensburg. Als besonders geglückt wird allgemein die neue Fußgängerbrücke aus Holz über die Naab kurz vor ihrer Mündung in die Donau bei Maria Ort empfunden. Der leichte Schwung, mit dem sie sich über den Fluß hebt und die beiden Ufer verbindet, erscheint wie ein Bild dessen, was dem Bauen, der Kunst und dem Leben insgesamt aufgetragen ist: den Weg in die Zukunft zu finden, ohne das Herkommen aus der Vergangenheit zu vergessen und preiszugeben. Gegenwart ist Brücke zwischen Vergangenem und Künftigem.

# Spuren großer Oberpfälzer

Ragen aus der Vergangenheit der Oberpfalz neben Städten, Dörfern und Kirchen Burgen, Schlösser und Klöster in unsere Zeit, so sind das Stätten, von wo aus mancher bedeutende Mann, ein geistlicher oder weltlicher Landesherr, Landgraf oder Bischof, Hammerherr oder Abt, politisch, militärisch oder wirtschaftlich auf die Entwicklung des Landes und die Geschicke seiner Bewohner einwirkte. Und doch sind weit größere Bewegungen, tiefere Einflüsse und stärkere, innere Beiträge zur Geschichte der Menschheit oft von Menschen gekommen, die aus dem Dunklen stammten und aus dem Verborgenen hervortraten. Meist in einer kinderreichen Familie in kleinen Verhältnissen aufgewachsen, durch einen hellen Kopf oder eine geschickte Hand aufgefallen, durch einen Förderer oder Freund zur Schule gebracht oder selbst unterrichtet, entwickelten sie ihre Gaben, nicht zuletzt in der Auseinandersetzung mit Überkommenem, zu eigenständigem Wirken, setzten sich gegen Widerstände durch und gaben Anstöße über Generationen hinaus oder brachten Werke hervor, die zum bleibenden Besitz geworden sind. Der eine schuf als Musiker mit genialer Kraft nie gehörte Klänge und Tonfolgen. Ein anderer trieb eine künstlerische Entwicklung zur höchsten Blüte und letzten Verfeinerung und machte seine Werke zum Spiegelbild zartester menschlicher Seelenregungen. Jener gewann als Wissenschaftler oder Dichter dem Reich des Geistes oder der Seele neue, nie betretene Räume. Dieser leistete Bahnbrechendes für die Gesundheit oder das innere Gedeihen seiner Mitmenschen.
Gerade ein unverbrauchtes, kraftvolles Land wie die Oberpfalz kann bedeutende Männer hervorbringen und hat dies zu allen Zeiten getan. Ihre Spuren finden sich ebenso in Städten wie in abgelegenen Orten.

So lebte im 13. Jahrhundert im Minoritenkloster zu Regensburg der größte Volksprediger des Mittelalters, Bruder Berthold von Regensburg, der durch die Eindringlichkeit und Urwüchsigkeit seiner Predigten seine Zuhörer in ganz Europa in Bann schlug und erschütterte. Zu

seinem Grab pilgerten noch jahrhundertelang die Wallfahrer bis aus Ungarn. Der Grabstein ist nach manchen Wanderungen in den Chor der ehemaligen Kirche des Klosters zurückgekehrt.
Aus Schmidmühlen stammt der große Bildschnitzer der Gotik Erasmus Grasser, der von 1450 bis 1518 lebte und in München zu hohem Ruhm gelangte. Altäre, Gräber, Figurengruppen von seiner Hand, die ein tiefes seelisches Einfühlungsvermögen und eine hohe Gestaltungskraft verraten, schmücken viele Kirchen in Oberbayern. Zum Bekanntesten zählen seine Moriskentänzer, Darstellungen wilder, ausgelassener, damals durch ganz Europa ziehender maurischer Tänzer, die er für das Münchner Rathaus schuf. Einen von ihnen hat seine Heimatgemeinde Schmidmühlen auf dem Denkmal zu Ehren ihres großen Sohnes wiedergegeben, das sie ihm vor ihrem Rathaus errichtet hat.
Von dem großen Maler Albrecht Altdorfer, dem Hauptmeister der Donauschule, sind im Regensburger Städtischen Museum das visionäre Bild »Die beiden Johannes« und die späten Fresken aus dem Kaiserbad zu sehen. In der Oberen Bachgasse steht das Wohn- und Sterbehaus des berühmten Künstlers, der zugleich Mitglied des Inneren Rates und Stadtbaumeister von Regensburg war.
Zu Recht erfüllt eine Gemeinde Stolz, aus der ein großer Meister und Künstler hervorgegangen ist. In Burglengenfeld ist Johann Michael Fischer als Sohn eines Maurermeisters aufgewachsen, der berühmte Barockbaumeister des 18. Jahrhunderts, der, wie an seinem Grabstein in der Münchener Frauenkirche geschrieben steht, »32 Gottshäuser, 23 Clöster, Gemüther aber viele Hundert durch sein alt Teutsche und Redliche Aufrichtigkeit Erbauete«. Von diesem Oberpfälzer stammen z. B. Ottobeuren, Berg am Laim bei München, Rott am Inn und in der Oberpfalz die Wallfahrtskirche Maria Schnee von Aufhausen. In seinem Heimatort Burglengenfeld sind ihm sogar zwei Denkmäler gewidmet worden, ein kirchliches beim Pfarrheim und ein gemeindliches am Rathaus.

*Denkmal des Barockbaumeisters Johann Michael Fischer beim katholischen Pfarrheim in Burglengenfeld*

*Johann Michael Fischer-Denkmal am Rathaus von Burglengenfeld*

Aus Altmannstein bei Riedenburg, das damals und bis 1972 oberpfälzisch war, ist als Sohn eines Schreiners der größte Bildhauer des bayerischen Rokoko, Ignaz Günther, hervorgegangen, der von 1725 bis 1775 lebte und sich gleichfalls in München niederließ, wo er ein Haus kaufte, das heute noch erhalten ist. Von seiner Meisterhand stammt in der Oberpfalz das Altarrelief im Schloß Sünching mit der Darstellung der Himmelfahrt Mariä. Altmannstein, seiner Geburtsgemeinde, hat er ein geschnitztes Kreuz gewidmet, das jetzt im Chor der Pfarrkirche hängt, in deren Wand sich ein Porträtrelief des Künstlers von Hans Wimmer nach einem zeitgenössischen Bildnis befindet.

Auch dem großen Komponisten Christoph Willibald Gluck, der ein neues Kapitel in der Geschichte der Oper aufschlug, der Weltruhm besaß und dessen Werke heute noch aufgeführt werden, hat sein Heimatort ein Denkmal errichtet. Dabei ergaben sich jedoch Schwierigkeiten. Zunächst entstand ein Denkmal in Weidenwang, das als Geburtsort des Meisters galt, weshalb auf dem Sockel unter einer Leier, die von einem Lorbeerkranz umgeben ist, die Aufschrift steht: »Christoph Ritter von Gluck, geb. zu Weidenwang den 4. Juli 1714«. Historische Nachforschungen ergaben jedoch, daß Gluck in Weidenwang zwar getauft, aber nicht dort, sondern in der zur Pfarrei gehörigen Gemeinde Erasbach geboren ist. Deshalb hat diese im Gluck-Gedenkjahr 1964 anläßlich des 250. Geburtstags des großen Oberpfälzers selbst ein Denkmal errichtet, so daß es nun in jedem der beiden benachbarten Orte eines gibt.
Der zweite große Komponist, der in der Oberpfalz geboren ist, Max Reger, stammt aus Brand am Rande des Fichtelgebirges, wo sein Geburtshaus noch zu sehen ist. Die Eltern übersiedelten sehr bald nach Weiden, wo er aufwuchs, den ersten Musikunterricht erhielt, bereits sehr früh in der Michaelskirche die Orgel zum Gottesdienst spielte und, nach einer Studien- und Unterrichtszeit in Sondershausen und Wiesbaden wieder heimgekehrt, in einer stürmischen Schaffensperiode als 25–28-jähriger viele seiner großen Orgelwerke schuf. Weiden nennt sich deshalb zu Recht die »Max Reger-Stadt« und pflegt das Andenken des Meisters in einer bedeutenden Sammlung im Kulturzentrum Hans Bauer, die auch die Originaltotenmaske enthält, und durch das Denkmal in der Anlage, die den Namen des Komponisten trägt.

INRI

*S. 155: Kreuz von Ignaz Günther in der Pfarrkirche seiner Heimatgemeinde Altmannstein*

*S. 156: Denkmäler des Komponisten Christoph Willibald Ritter von Gluck in Erasbach und Weidenwang*

*S. 157: Johann Andreas Schmeller-Denkmal in Tirschenreuth*

Richard Strauß, der Zeitgenosse Max Regers, der freilich erheblich älter geworden ist als dieser, kann gleichfalls als ein Sohn der Musiklandschaft Oberpfalz angesehen werden, denn seine Vorfahren sind Oberpfälzer und das Geburtshaus seines Vaters, eines angesehenen Hornisten im Orchester der Münchener Oper zur Zeit Richard Wagners, steht noch in Parkstein.

Von zwei namhaften Schriftstellern aus der Oberpfalz sind ebenfalls die Geburtshäuser, je mit einer Gedenktafel geschmückt, zu sehen. Gottfried Kölwel, ein besinnlicher, eindringlicher Erzähler, der seine oberpfälzische Heimatlandschaft und ihre Menschen tief in der Sprache eingefangen hat, ist in Beratzhausen im Laabertal geboren, wo seine Geburtsstätte in der Nähe des Rathauses steht. Georg Britting, der große lyrische Dichter, dem unvergeßliche Bilder und ein magisches Erfassen der Welt gelungen sind, der sich selbst als den »Sänger Regensburgs« bezeichnet hat, das mit seinem Dom, seinen alten Gassen und der Donau für viele seiner Erzählungen den Schauplatz bildet, ist dort in der Alten Manggasse Nr. 3 geboren.

Aus Tirschenreuth stammt Johann Andreas Schmeller, der Sohn eines Kürbenzäuners, eines einfachen Korbflechters, der Schöpfer des Bayerischen Wörterbuches, eines bis heute grundlegenden Werkes über die bayerische Mundart, das auch die hohe Anerkennung der Brüder Grimm fand, ein Mann, der nach bewegten und schwierigen Lebensumständen völlig aus Eigenem den Weg zur Sprachforschung fand und es dabei zu höchsten Ehren und zum Universitätsprofessor in München brachte, ein bescheidener Oberpfälzer, der das Sprachgut und die Wesensart seiner Heimat in sein Lebenswerk eingehen ließ und sie damit zu gesamtbayerischer Wirkung brachte. Sein Denkmal steht auf dem Marktplatz in Tirschenreuth.

*Geburtshaus des Dr. Joh. Nep. v. Ringseis in Schwarzhofen*

Gedenktafel
In diesem Hause
kam zur Welt am 16 Mai 1785
Dr. Joh. Nep. von Ringseis
Zu München
am 22 Mai 1880.

In Berching, dem mauerumschlossenen Städtchen an der Sulz, ist eines der schönsten Häuser, mit Holzumgängen an der Hofseite ausgestattet, das sogenannte Pettenkofer-Haus, die Apotheke am Marktplatz. Es gehörte einst der Familie Pettenkofer, aus der der berühmte Münchener Hygieniker Max von Pettenkofer hervorgegangen ist, der eine moderne Wasserversorgung für die Landeshauptstadt schuf und damit die Cholera, die so oft so viele Opfer gefordert hatte, zum Erlöschen brachte.
Ein anderer Oberpfälzer, der – wie so viele – in München groß wurde, ist Johann Nepomuk von Ringseis. Er ist in Schwarzhofen bei Neunburg vorm Wald als Sohn eines Wirts geboren und wirkte in München als Professor an der Universität und Ministerialreferent für das Medizinalwesen und war Freund und Leibarzt König Ludwigs I. und mit vielen großen Gestalten seiner Zeit eng verbunden. Sein mit einem Wirtshausschild geschmücktes Geburtshaus steht noch in seiner Heimatgemeinde. Wie sehr er mit ihr verbunden war, bezeugt das Nachbargebäude der von ihm gestifteten »Geh. Rat Dr. v. Ringseis'schen Pfründeanstalt«, die heute noch als gemeindliches Altersheim besteht.

Der berühmteste Arzt aber, der je aus der Oberpfalz hervorgegangen ist, stammt aus Oberviechtach und ist dort 1683 geboren: Johannes Andreas Eisenbarth. Er war ein großer und erfolgreicher Chirurg, der nach damaliger Sitte durch das Land zog und seine Dienste mit Flugblättern und viel Spektakel anbot, unzähligen Menschen Hilfe brachte und durch seine Kunst hohes Ansehen gewann, das später durch ein Spottlied freilich verdunkelt wurde. Er starb als Königlich Großbritannischer und Kurfürstlich Braunschweigisch-Lüneburgischer privilegierter Landarzt und Königlich Preußischer Rat 1772 in Hannoversch Münden. Seine Heimatgemeinde ehrt ihn durch ein Eisenbarth-Museum und einen Brunnen bei der Kirche.

*Dr. Eisenbarth-Brunnen in Oberviechtach*

161

# Waldler- und andere Häuser

Jeder, der große und der kleine Mann, beginnt seinen Lebensweg zuhause. Wie und wo einer aufwächst, das legt den Grund für seinen Aufbruch ins Leben; wie und wo er lebt, baut und richtet er seine Heimstatt. So gestaltet der Mensch sein Haus und das Haus wiederum prägt den Menschen, mag es ein Schloß sein, in dem er zur Welt kommt, ein Wirtshaus, ein Bürgerhaus oder ein Bauernhof, und der kleine Mann in der alten Oberpfalz war ja vor allem ein Bauer. Jeder wächst zunächst in das überkommene Haus hinein; mancher gestaltet es nach seinem Willen und seinen Vorstellungen um; mancher errichtet ein neues.

Heute bestimmen fast überall im ganzen Land dasselbe Material und dieselben Formen die Baugestalt der Häuser; ein genormter Einheitsstil hat sich ausgebreitet, der auf die Besonderheit des Raumes und die Wesensart des Besitzers wenig Rücksicht nimmt. Jahrhundertelang dagegen prägten nicht nur der Stil der Zeit und der persönliche Gestaltungswille des einzelnen, sondern vor allem Ort und Landschaft, ihr Klima und ihr Material regional ganz unterschiedlich das Bild des Hauses. So entstanden Hausformen, die die Eigenart des oberpfälzischen Raumes und seiner Menschen widerspiegelten: das Karge des Bodens, das Rauhe der Witterung, das Bescheidene, aber auch Zähe und Geduldige der Bauern und Arbeiter. Doch zeigen die verschiedenen »Hauslandschaften« auch, wie die Oberpfalz sich Einflüssen aus Nachbargebieten öffnete und von ihnen Anregungen aufnahm und so zu einer Vielgestalt der Bauformen kam, von denen jede ihr eigenes Maß und ihre eigene Schönheit hatte und zugleich den Zweck erfüllte, dem das Bauwerk diente: als Wohnung und Arbeitsstätte, als Stall und Stadel.

In diesem Sinn ist unter den vielerlei oberpfälzischen Hausformen das Waldlerhaus ein Zeugnis des »Waldes« und des »Waldlers« zugleich. Der »Wald«, die herbe Landschaft des Bayerischen und des Oberpfälzischen Waldes mit ihrem Mittelgebirge, ihren tiefen dunklen Wäl-

*Waldlerhaus (Anwesen Lex) in Bierwinkl bei Zandt (Lkr. Cham)*

dern, dem weiten Blick über die Höhen des Urgesteins, dem harten, schneereichen Winter, kleinbäuerlich genutzt und wenig ertragreich, und der »Waldler«, der stille und zurückhaltende, zähe und kraftvolle, urwüchsige, zuweilen aufmüpfige, der Natur und seinem Gott eng verhaftete Mensch an der Grenze, lange Zeit ein Gütler, ein Häusler, – beide verbinden sich im Waldlerhaus mit seiner kargen, bergenden und verschlossenen Gestalt aus dem einheimischen Holz.

Kennzeichen des Waldlerhauses, das meist ein Einfirsthaus ist, in dem Wohnhaus, Stall und Scheune unter einem Dach in einer Flucht liegen, ist die starke Verwendung des Holzes. Ursprünglich ein reiner Holzbau aus kunstvoll gefügten Balken hat es später ein gemauertes Erdgeschoß und darüber das Obergeschoß aus Holz mit der Altane, dem »Gang« oder »Schrot«, an der Giebelseite mit der Firstsäule in der Mitte, und dem sehr flachen, an Giebel und Traufe weit überstehenden Dach. Dieses war meist mit Schindeln gedeckt, für deren Herstellung es ein eigenes Handwerk gab, und mit Feldsteinen beschwert. Dazu kommen der Kasten als Getreidespeicher und der Backofen. Die Türen tragen oft einen ausgeschnittenen Türsturzbalken in der alten Form des

Eselsrückens und vergessen auch den Einschlupf für die Katze nicht. Leider gibt es nur noch wenige solcher Waldlerhäuser, z. B. in Pemfling, Engelsdorf und Bierwinkl im Landkreis Cham. Auch im Freilandmuseum des Bezirks in Neusath-Perschen wird in Zukunft ein solches zu sehen sein.
Die gleiche Baugestalt bestimmt auch die Holzkapelle in Prienzing bei Cham und das alte Schulhaus in Fronau, eine Außenstelle des ersten bayerischen Schulmuseums in Sulzbach-Rosenberg.

Einer ganz anderen Hauslandschaft der Oberpfalz begegnet man bei den Fachwerkhäusern. Diese bestehen aus Bruchsteinmauern, über denen das Holzfachwerk dem Giebel unter dem steilen Dach Halt gibt und das Haus zugleich schmückt. Sie treten unter fränkischem Einfluß in der westlichen Oberpfalz, vor allem im Birgland, aber auch in den übrigen Teilen des Oberpfälzer Jura auf und sind rein funktional, einfach und sparsam gebaut.

Ein davon verschiedener Typ des Fachwerkhauses ist in der nordöstlichen Oberpfalz, vor allem im Raum Neualbenreuth, anzutreffen. Sein Fachwerk ist stärker ornamental bestimmt und repräsentativ gestaltet. Auch die Tatsache, daß es sich gelegentlich um Vierseithöfe handelt, an deren Hofseite manchmal Galerien umlaufen, läßt größeren Wohlstand und den Schmucksinn der Bewohner erkennen. Diese Form ist egerländischen Ursprungs und zeigt den engen Zusammenhang zwischen dem Egerland und dem Stiftland sowie dem Nordgau überhaupt. Er bestand auch noch fort, als die Region Eger unter den Staufern zum selbständigen Reichsland und 1322 an die böhmische Krone verpfändet wurde, von der sie nie mehr zurückkehrte. Ihm verdankt unser Raum vieles, wie die Verehrung des hl. Nepomuk, die Krippenschnitzkunst, den Dudelsack und an den bäuerlichen Gehöften neben dem Fachwerk die Sonnentore.

*Waldlerkapelle in Prienzing bei Cham*

*Das Hirtenhäusl in Schwend mit seinem Fachwerk*

Zum Mittelpunkt des Egerlandes, in das nahe Eger, gingen noch nach der Errichtung des tschechoslowakischen Staates die Kinder aus dem Stiftland zur Realschule und die Erwachsenen ins Theater. Heute muß man auf den Grenzlandturm in Neualbenreuth steigen, wenn man Eger sehen will; aus dem Stiftland führt kein Weg mehr dorthin.

Im südlich an das Stiftland anschließenden Oberpfälzer Wald finden sich verwandte Formen wie in der nördlichen Oberpfalz, vor allem im langgestreckten Grundriß mit der Stube, die die ganze Breite des schmalen Hauses einnimmt, und der gewölbten Küche. An die Stelle des Fachwerks treten hier aber quer, schräg oder senkrecht gestellte Bretter, die das Giebelfeld füllen.

Innerhalb des Jura setzt sich die Hausform des Altmühltals besonders ab. Sie ist durch flachgeneigte Dächer aus heimischen Kalkplatten gekennzeichnet, die einen besonders starken Unterbau und einen massiven Dachstuhl erfordern, und unterscheidet sich durch diese Dachform von den meisten anderen oberpfälzischen Haustypen, die – abgesehen vom Waldlerhaus – überwiegend steile Giebel besitzen und

167 *»Sonnentor« in Neualbenreuth*

deren Dächer mit Ziegeln in der Form des Biberschwanzes, teilweise auch mit Blech oder Eternit gedeckt sind.

Steile Dächer und massiver Bau aus Bruchsteinmaterial, die großen rauhen Wandflächen meist farbig verputzt und durch Bänder um Giebel, Fenster und Türen und zwischen den Stockwerken gegliedert, bestimmen das herkömmliche Bild des Bauernhauses in der mittleren und südlichen Oberpfalz, des sogenannten Bänderhauses. Ein typisches Beispiel eines solchen Steinhauses mit Steilgiebel ist der Edelmannshof in Perschen. Die Form des farbigen Bänderhauses setzt sich neuerdings wieder stärker durch.

Südlich der Donau, insbesondere im Gäuboden, dringt das niederbayerische Haus vor, das häufig eingeschoßig und, weil es an Natursteinen fehlt, aus Ziegeln erbaut und verputzt ist.

Ein Kennzeichen alten ländlichen Bauens in der Oberpfalz sind endlich die Stadelgassen. In ihnen stehen Scheunen mit steilen Dächern in einer Reihe oder in zwei Reihen seitwärts einer Straße hintereinander

*Stadelgasse in Oberviechtach*

als Lagerstätten. Das diente den Bedürfnissen eines ländlichen Marktes und seiner Bürger und entsprach auch den Vorschriften einer kurbayerischen Verordnung, wonach derartige Städel mit feuergefährlichem Inhalt möglichst außerhalb der Stadt errichtet werden sollten. Schöne Beispiele finden sich in Kemnath und Waldeck sowie in Oberviechtach.

Dies alles ist im Vergehen begriffen. Den Bemühungen um seine Erhaltung, damit das Gewachsene nicht völlig vergessen, sondern wenigstens als Dokument eigenständiger Kultur künftigen Generationen sichtbar bleibe, stehen nicht nur berechtigtes Bedürfnis nach den Errungenschaften neuzeitlicher Lebensumstände, sondern meist auch mangelndes Verständnis der Besitzer für Wert und Bedeutung der alten Häuscr und der alten Handwerkskunst, die sich in ihnen verkörpert, entgegen. Hier, wo es unmittelbar um den eigenen Lebensbereich geht, tritt dann ein merkwürdiger Gegensatz zu der sonst immer mehr festzustellenden Bereitschaft und dem immer stärker entschlossenen Willen auf, überkommenes Volksgut auf anderen Gebieten, wie dem des Brauchtums oder der Volksmusik, neu zu beleben und in die Zukunft einzubringen. Das alles tritt dann in den Hintergrund.

# Volkstümliche Welt

Volkstümliche Welt – das sind hier die vielfältigen Äußerungen oberpfälzischer Volkskultur, also jener Gestaltungen des Lebens und der Welt in diesem Raum, die nicht von wenigen einzelnen Großen, den geschichtlich bestimmenden Männern der Kunst und der Wissenschaft, der Wirtschaft und der Politik, stammen, sondern aus der anonymen Gemeinschaft kommen, aus ihrer ursprünglichen natürlichen Kraft, die wie ein inneres unbewußtes Gesetz alle Äußerungen des Einzelnen prägt. Volkskultur ist Ausdruck der gemeinsamen Eigenart der Menschen in den vielen Formen, durch die sie ihrer Existenz über die bloße Arbeit hinaus eine höhere Gestalt geben: im Wohnen und Feiern, Bilden und Schaffen, Singen und Erzählen, Tanzen und Spielen.
Volkskultur der Oberpfalz gibt es, seit es die Oberpfälzer gibt, die der Lauf der Geschichte zu einem gemeinsamen Schicksal und Wesen verbunden hat: vom Ringen mit dem kargen Boden in rauhem Land schwer beansprucht, von Armut und Kriegen, Glaubenswechseln und dem Grenzerlebnis gezeichnet und immer wieder auf sich selbst verwiesen, wortkarg und gelassen, zurückhaltend und bescheiden, aber von unerschütterlicher zäher Kraft und Geduld, die, selbstbewußt genug, nicht aufgibt, schließlich aber doch auch wie alle Altbayern zu Musik, Tanz und Theater begabt und geneigt.
Oberpfälzische Volkskultur lebte und lebt zunächst in der bäuerlichen Welt, deren frühe Formen die Waldler- und Fachwerkhäuser zeigen und das Bauernhofmuseum zu Perschen sowie das künftige Freilandmuseum zu Neusath festhalten. Sie äußert sich auch in der bürgerlichen Welt der Märkte und Städte bis hin zum stolzen Zeugnis der Rathäuser.

Frühe Zeugnisse der volkstümlichen Welt sind alte geschichtliche Lieder, aber auch die vielen Sühnekreuze, Bildstöcke, Bildsäulen, Feldkreuze, Martersäulen und Kapellen, die in der Oberpfalz wie in ganz Altbayern an den Feldern, Fluren und Wegen stehen. Zu den

*Das »Hahnenkreuz« bei Pfreimd*

originellsten dieser Art gehört der Bildstock am Südrand von Pfreimd, der ein hohes, von zwei Lanzen umgebenes Kreuz trägt, auf dessen Spitze ein Hahn sitzt. Er heißt das »Hahnenkreuz«. Die örtliche Überlieferung verbindet es mit einem Ereignis aus der Geschichte der Stadt, das in einem alten Gedicht festgehalten ist.
Wahrscheinlich aber – dafür sprechen die beiden Lanzen an dem Kreuz, die an die Kreuzigung Christi erinnern, – handelt es sich um eine Darstellung, die der Gruppe der Schauer- oder Passionskreuze zuzuordnen ist, die auch nach den »arma Christi«, den Waffen Christi, mit denen er in seinen Tod ging, »Armakreuze« genannt werden. Es sind dies große Holzkreuze auf freiem Feld oder an Scheunen, an denen die Hände und Füße Christi und sein Leibrock und dazu alle Gegenstände angebracht sind, die mit der Kreuzigung zusammenhängen: die Säge für den Kreuzesstamm, Hacke und Schaufel, Hammer und Nägel, die Würfel, die die Soldaten über den Leibrock des Herrn warfen, die Lanze des Hauptmanns und der Speer mit dem Schwamm usw. Solche Passionskreuze stehen z. B. in Piesau bei Neunburg vorm Wald, am Bauernmuseum in Perschen und bei Baiern in der Nähe von Hainsakker nördlich von Regensburg.
In denselben Zusammenhang der volkstümlichen Umsetzung religiöser Gedanken und Vorstellungen gehört auch die Darstellung des Christus in der Kelter als Abschluß einer drei Meter hohen mit Weinreben geschmückten Granitsäule an der Außenseite der Pfarrkirche von Stadlern aus der Barockzeit.

Mit der baierischen Begabung zum Theaterspiel hängt es zusammen, daß biblische Szenen immer wieder auch in kirchlichen Spielen dargestellt wurden. In der Oberpfalz reicht die Berchinger »Ölbergandacht« in die vorreformatorische Zeit zurück. 1516 von dem Vikar Leonard Gössel von St. Lorenz gestiftet, wurde ihre Aufführung zwar auf Grund der Säkularisation und auch später wegen einer Kirchenrenovierung mehrfach unterbrochen, aber 1982 nach 15-jähriger Pause wieder neu belebt und das Spiel von den Darstellern Jesu und des Engels in der Lorenzkirche dieser altehrwürdigen Stadt wieder veranstaltet. Ähnlich sind Gehalt und Schicksal des Dietfurter Ölbergspiels, das 1680 zum ersten Mal aufgeführt wurde und seit langem wieder an den sechs Donnerstagen der Fastenzeit, in eine Andacht mit Predigt

# Das Hahnenkreuz bei Pfreimd

Viel hundert Jahre hatten
Nabburg und Pfreimd sich lieb,
Wie in des Ölbaums Schatten
Erstarken Treu' und Lieb',

Da ließ mit einem Male
Nabburg vom treuen Sinn,
Und in dem Rathaussaale
Rief's: »Krieg der Nachbarin«!

Gekündet war die Fehde,
Das Zeughaus ausgeräumt,
Und manches Fähnlein wehte,
Hinauf zum Kampf gen Pfreimd.

Mit Wehgefühl hört's drüben
Die lebensfrohe Stadt,
Will nun auch nimmer lieben
Und eilt zur Gegentat.
. . .

Begeistert schwören alle,
Im Kampfe nie zu ruh'n,
Und drauß auf Schanz und Walle
Den Schlummer abzutun.

Mit Männersinn und Treue
Hält jede Hut ihr Wort,
Und durch der Wochen dreie
Schläft keine Wache dort.

Nur eine kann nicht halten
Was sie mit andern schwur,
Kann nicht des Schlafs Gewalten
Entziehen die Natur.
. . .

Wohl denkt sie ihrer Pflichten
Und denkt des Endes auch;
Doch kann sie nimmer lichten
Das schlafestrunkne Aug'.
. . .

Und sieh, nicht fünf Minuten,
Umschwebt sie leise Ruh';
Da rauscht's wie Wasserfluten
Und strömet dumpf herzu.

Mit Nacht und List im Bunde
Zieht rasch Nabburg heran,
Und will zur Geisterstunde
Noch heut das Städtlein han.

Der Himmel aber schützet
Sein frohes, treues Pfreimd,
Und weckt, da es noch nützet,
Die Wache, die dort träumt.

Wie aus des Himmels Höhen
Dringt plötzlich klar und rein
Ein wunderbares Krähen
Von einem Hahn herein.

Es tönt und schallt so grelle,
Wie Glockentöne zieh'n;
Da wird's der Wache helle
In Auge, Seel' und Sinn.

Sie ruft zum blut'gen Wagen
Die Treuen rasch heraus,
Und Nabburg wird geschlagen,
Und kehrt beschämt nach Haus.
. . .

*Granitsäule, von Reben umwunden, an der Pfarrkirche von Stadlern mit einem Relief »Christus in der Kelter« im tabernakelartigen Aufsatz*

*Passionskreuz bei Baiern in der Nähe von Hainsacker bei Regensburg*

*Die Hochzeit von Kana, Krippe im Hause Hans Riedl in Plößberg*

*Schreinkrippe des 18. Jahrhunderts der Basilika in Waldsassen, alljährlich zur Weihnachtszeit aufgestellt*

und Lesungen, Gebeten und Gesängen eingefügt, auf dem Hochaltar der Franziskanerkirche vor einfachen Kulissen durch eine bewegliche Christusfigur und einen herabschwebenden Knaben als Engel die Todesangst Christi und seine Tröstung vergegenwärtigt.
Eine der innigsten Aneignungen religiöser Gehalte durch einfache gläubige Menschen ist die Kunst des Krippenschnitzens. Krippen sind in der Oberpfalz schon im frühen 17. Jahrhundert urkundlich bezeugt. Heute treten sie als Prunkkrippen in Kirchen und Klöstern auf und darunter befinden sich wertvolle alte Stücke wie die Schreinkrippen in Waldsassen.
Neu belebt ist das Schnitzen und Bauen von Volkskrippen, die den Alltag des ländlichen Menschen einbeziehen und das heilige Geschehen der Weihnachtszeit daheim im Hause vergegenwärtigen. Besonders reich ist daran das Stiftland und zum oberpfälzischen Mittelpunkt dieses Volksguts entwickelt sich Plößberg, das durch seine Glasofenmaurer bekannt ist; dort werden nicht nur regelmäßig öffentliche Krippenschauen veranstaltet, sondern man kann zu Weihnachten und Dreikönig auch Hauskrippen in den Häusern besichtigen und wird dazu freundlich aufgenommen.
Wie mit dem Pfreimder Hahnenkreuz so verbinden sich mit vielen Orten und Stätten alte Geschichten und Überlieferungen. Das gilt für Burgen und Burgruinen, in denen es »weizt«, weil z. B. eine »weiße Frau« sich zeigt wie in Wolfsegg oder in Pfrentsch oder weil betrügerische Wirte und Schankkellner zu mitternächtlicher Stunde ihre Untaten dadurch büßen müssen, daß sie aus dem tiefen Brunnen der Ruine Stockenfels im Regental einander Wassereimer nach oben reichen müssen, die der oberste dann wieder ausschüttet.
Eine uralte Sage ist mit dem riesigen »Kalten Baum« bei Vohenstrauß verknüpft, der schon 1362 genannt wird. Dort soll dereinst eine fürchterliche Schlacht, die letzte der Weltgeschichte, geschlagen werden und das Land verwüsten. Dann entstehe eine Pest, die Volk und Vieh dahinraffe. Endlich komme nach langer Zeit ein Hirte aus weiter Ferne und schlage mit seinem Weib in dem Baum seine Behausung auf und seine Nachkommen würden das verödete Land wieder bevölkern, das dann dem Weltende entgegengehe.

*Der »Kalte Baum« bei Vohenstrauß*

Weniger sagenumwoben, aber noch älter, tausend Jahre alt ist die Wolframslinde in Ried bei Lederdorn, die nach dem Minnesänger Wolfram von Esenbach genannt ist, der um 1200 in der benachbarten Burg Haidstein weilte; ihr Stamm mit einem Umfang von 16 Metern ist völlig zerborsten und hohl und teilweise dürr wie Kork und treibt doch immer noch über Äste und Zweige frisches Grün hervor.

Sagen, Märchen und Legenden, uralte Geschichten, die von Generation zu Generation gewandert sind, immer wieder erzählt von Großmüttern den Enkeln, von Müttern den Kindern und in der Houzastubn aus der Erinnerung geholt, in der Sitzweil, wo man beisammensitzt, plaudert, erzählt und singt – sie kommen aus weiter zeitlicher Ferne und bewahren alte Überlieferungen und geheimnisvolle Gestalten vor dem Vergessen. Der Bilmertschneider kommt da vor, der mit dem Getreide sein Unwesen treibt; Teufel und Feurige Männer erscheinen; die düstere Welt der Hexen und Truden bedrängt die Menschen; in den Rauhnächten und Losnächten geht Geheimnisvolles um. Die Angst vor der Unheimlichkeit der Welt und dem Geheimnis, das sie erfüllt, steht hinter all dem – eine zeitlose Angst, die immer wieder in den Menschen aufbricht. Aber auch Sehnsucht nach Erlösung und Hilfe für die Lebenden werden in den Sagen spürbar und so erschrecken die verschiedenen Geistergestalten nicht nur, sondern sind auch zu guten Diensten bereit, für die sie Lohn und Dank erwarten. Auch in den Zaubermärchen wird die gute Tat vergolten, die böse bestraft – eine tiefere Ordnung wird sichtbar und ein glückliches Ende verheißt allen Heil.

Manche dieser Vorstellungen haben sich mit historischen Ereignissen verknüpft und in ihrer Wiedergabe verdichtet und sind in Volksschauspiele eingegangen, bei denen sich die altbayerische Urbegabung zu Theaterspiel und Selbstdarstellung eindrucksvoll erweist. Ob es sich um den berühmten »Further Drachenstich« handelt, vielleicht das älteste deutsche Volksschauspiel, das 1590 erstmals urkundlich bezeugt ist und von dessen Hauptrolle, dem Ritter, der den Drachen sticht, die

*Panduren in dem Historischen Freilichtfestspiel »Trenck der Pandur vor Waldmünchen«*

Darsteller seit 1732 namentlich festgehalten sind, oder um das packende nächtliche Freilichtspiel »Trenck der Pandur« vor der mittelalterlichen Kulisse der Stadt Waldmünchen, um das Spiel beim Pfingstritt zu Kötzting oder um die Falkensteiner alljährlichen Burgfestspiele oder die zahlreichen Laienspielgruppen und Bauerntheater im ganzen Land – überall wird diese Spielfreude lebendig sichtbar. In großen, nur zu besonderen Jubiläen oder sonstigen festlichen Anlässen aufgeführten historischen Schauspielen mit ihren Massenszenen erfassen sie dann die ganze Gemeinde, Männer und Frauen, Kinder und alte Leute, und keiner, der es vermag, ist sich zu gut, daran mitzuwirken. So wurden z. B. beim »Schweppermann-Spiel« von Heinz Schauwecker, das man 1973 in Kastl im Hof des alten Klosters zum 650-jährigen Jubiläum der Erhebung Kastls zum Markt spielte, der Schweppermann vom Bürgermeister, der Abt vom Geistlichen Rat und Kaiser Ludwig der Bayer von einem früheren Bayernpartei-Abgeordneten gespielt.

Diese Lust an der Selbstdarstellung, an der Gaudi und am »Frotzeln«, die auch dem einfachsten Menschen im Blut liegt, bricht ganz besonders im Fasching aus, der auf dem Land noch vielfach ganz urwüchsig begangen wird: am »Unsinnigen Pfinzta (Donnerstag)«, in den Umzügen am Faschingsdienstag und in der Weiberfasnacht, in der sich die Frauen nicht selten mehrfach an einem Abend umziehen und immer wieder neu verkleiden und durch die Gaststätten des Ortes ziehen. Am ungewöhnlichsten ist wohl der »Chinesenfasching« in Dietfurt an der Altmühl, der »Chinesenstadt«, deren Ruf angeblich darauf zurückgeht, daß sie einst die Abgesandten des Bischofs von Eichstätt, die den Zehnten einziehen wollten, nicht einließ und diese, zurückgekehrt, berichteten, sie seien wie vor einer Chinesischen Mauer gestanden. Dort wird der Unsinnige Donnerstag chinesisch gefeiert. Chinesisch verkleidetes Volk treibt sich durch die Stadt; der »Kaiser von China«, begleitet von seinem »Oberhofploderer« und seinem chinesischen Hofstaat, erläßt von der hohen Tribüne am Rathaus seine Proklamation, der das Volk begeistert mit »Hei-tschi-tschi-tscheng« antwortet, und vollzieht geheimnisvolle Riten unter choralartigen Gesängen, bis der Tag mit einer Weiberfasnacht ausklingt.

*Der Kaiser von China grüßt sein Volk beim Chinesenfasching in Dietfurt* 182

Dieses Wesensmerkmal des Altbayern, daß er ein Augenmensch ist und seine Stärke im Mimischen, Malerischen und Musikalischen liegt, diese Freude am Spiel und Aufzug kann man jeden Sommer bei den Festumzügen zu Stadt- und Gemeinde-, Feuerwehr-, Kriegervereins- und Schützenjubiläen oder bei den großen Trachten- und Heimatfesten höchst eindrucksvoll, farbig und bewegt mit Fahnen, Böllern und Blasmusik erleben, aber auch bei den Gstanzlsängertreffen in Schierling, wo eine unerschöpfliche Originalität und Spontaneität sich zeigt. Aus dieser Wurzel entspringt auch die Freude am Tragen der Oberpfälzer Tracht in ihren verschiedenen Formen als Zeichen neu erwachten Selbstbewußtseins und die immer regere Hinwendung zur Volksmusik und zum Volkstanz in weiten Kreisen der Jugend.

Auch in der Volksmusik gibt es eine große Breite des Musikgutes und eine Vielfalt der singenden oder instrumentalen Besetzung und der Art der Darbietung. Das reicht von dem kulturell so lebendigen Stiftland bis in den Neumarkter Raum im Südwesten und den Lamer Winkel im Südosten. Gerade dort kann man Sängern oder einem »Dreigesang« begegnen, der unbewegt auf der Bühne steht, ohne eine Miene zu verziehen, und in einer ursprünglichen Musikalität ohnegleichen, in einer Verbindung von urwüchsiger Kraft und verhaltener Zartheit, in rhythmischer Sicherheit und Freiheit zugleich, mit unfehlbarer Treffsicherheit im Harmonischen und horchender Sammlung seinem Singen hingegeben ist. Welche Ferne von der Atmosphäre unserer Städte, welche waldlerische Einsamkeit und bäuerliche Festigkeit werden da spürbar! Das ist bairisches Urgestein.

So speist sich die volkstümliche Welt der Oberpfalz, ihre Volkskultur, heute aus zwei Quellen: Die eine ist das Gut der Geschichte, das im Strom der Zeit bis in unsere Generation gelangt ist, und das ist immer noch eine beträchtliche Menge an Älterem und Jüngerem, das heute noch gesungen und getanzt, gespielt und in der Mundart gesprochen wird, oder als Brauch das Leben der Gemeinschaft durchdringt und gestaltet, vom Dreikönigssingen über den Großen Frauentag bis zum Nikolaus und ebenso in den weltlichen Festen. Zum andern aber gehört

alles dazu, was heute neu entsteht, und das kann aus der ursprünglichen natürlichen Begabung eines ungenannten Musikers, Krippenschnitzers oder Handwerkers, Gstanzlsängers oder Versemachers kommen, der nie großen Ruf erlangt; es kann aber auch die schöpferische Leistung eines künstlerisch begabten und bekannten Zeitgenossen sein, dessen Werk die Mitlebenden annehmen und sich aneignen wie im Volksschauspiel oder in den Aufführungen der Chöre und Musikgruppen.

Volkskultur ist heute also alles, was im Land lebendig ausgeübt und gestaltet wird: in Blaskapellen und in der Stubnmusi, in großen Gesangvereinen und Chor- und Orchestergemeinschaften oder von ein paar Sängerinnen oder Sängern, Boum oder Moila, Buam oder Deandln, in den Heimat- und Trachtenvereinen, im Theaterspiel, in der Mundartdichtung, im Brauchtum und in den Umzügen, diesem Augen- und Ohrenschmaus.

Das alles ist durch die Entwicklungen der Zeit vielfältig bedroht. Es soll hier nicht der trügerische Schein einer heilen Welt vorgespiegelt werden. Industrialisierung und Fremdenverkehr, Massenmedien und eine Welteinheitszivilisation beeinflussen auch die Gestalt dieses Raumes und wirken auf seine Menschen ein. Und doch ist die oberpfälzische Volkskultur in ihren vielfältigen Erscheinungsformen lebendig. Wie alles Leben besteht sie aus Werden und Vergehen und wieder neuem Werden. Die Kraft, aus der sie kommt, die altbayerische oberpfälzische Wesensart, scheint unerschöpft.

Aus ihr stammt der verborgene Reichtum der Oberpfalz. Sie ist der Urgrund auch für Künftiges.

# Quellen und Schrifttum


*Allgemeines*

Benker, Heimat Oberpfalz, 5. Aufl., Regensburg 1981

Bosl, Oberpfalz und Oberpfälzer, Geschichte einer Region, Kallmünz 1978

Kunstdenkmäler Bayerns, herausgegeben vom Bayer. Landesamt für Denkmalpflege

Reitzenstein und Brunner, Reclams Kunstführer, Baudenkmäler, Band I Bayern, Stuttgart 1959

Sieghardt, Oberpfalz, 3. Aufl., Nürnberg 1965

Spindler (Hrsg.), Handbuch der bayerischen Geschichte, Bd. I, 2. Aufl., München 1981; Bd. III, Zweiter Halbband, 2. Aufl., München 1979

*Landschaft*

Britting, Gesamtausgabe in Einzelbänden, Erzählungen 1937–1940, München 1959

Nickl, Die Landschaft, in: Schuster, Oberpfälzer Wald und Steinwald, 4. Aufl., Weiden 1979

*Verborgene Schichten*

Dachs, Der Umfang der kolonisatorischen Erschließungen der Oberpfalz bis zum Ausgang der Agilolfingerzeit, VHOR 86, 159

Dannheimer, Lauterhofen im frühen Mittelalter, Reihengräber – Martinskirche – Königshof, Heft 22 der Materialhefte zur bayerischen Vorgeschichte, Kallmünz 1968

Fuchs, Das Gräberfeld von Eichelberg, Oberpfälzer Heimat 3/1958, 47

Gagel, Die Form karolingischer Königshöfe in Oberpfalz und Franken, Oberpfälzer Heimat 5/1960, 29

Gauer, Castra Regina und Rom, Bonner Jahrbücher 181 (1981) S. 1

Osterhaus, Beobachtungen zum römischen und frühmittelalterlichen Regensburg, VHOR 112, 15

Osterhaus, Oberbarbing-Kreuzhof östlich Regensburg, Ausgrabungsnotizen aus Bayern, 1977/2, München

Pabst, Nordgau und Naristen, Oberpfälzer Heimat 24/1980, 22

Reitinger, Die Völker im oberösterreichischen Raum am Ende der Antike, in: Severin zwischen Römerzeit und Völkerwanderung, Linz 1982

Schwarz, Sprache und Siedlung in Nordostbayern (Erlanger Beiträge zur Sprach- und Kunstwissenschaft Bd. 4), Nürnberg 1960

Schwarzfischer, Bemerkenswertes Schrazelloch in Eichengrub, Oberpfälzer Heimat 18/1974, 176

Schwarzfischer, Der Erdstall zu Trebersdorf, Oberpfälzer Heimat 22/1978, 16

Schwarzfischer, Zur Frage der Schrazellöcher oder Erdställe, Heft 12 der Weidener Heimatkundlichen Arbeiten, Weiden 1968

Stroh, Das hallstattzeitliche Gräberfeld von Schirndorf, Ldkr. Regensburg, Reihe A Band 35 der Materialhefte zur bayerischen Vorgeschichte, Kallmünz 1979

Stroh, Die Reihengräber von Lauterhofen, Oberpfälzer Heimat 3/1958, 38
Stroh, Vom Fortschritt im Gräberfeld Schirndorf, Die Oberpfalz 1978, 321; 1979, 65

*Regensburgische Ausstrahlungen*

Bosl, Cham als Zentralort des Bayerischen Waldes, Schönere Heimat 1981, 69
Bosl, Die Oberpfalz und ihre junge Hauptstadt, Heft 19 der Beiträge zur Geschichte und Landeskunde der Oberpfalz, Regensburg 1980
Dachs, Der Umfang der kolonisatorischen Erschließung der Oberpfalz bis zum Ausgang der Agilolfingerzeit, VHOR 86, 159
Schwarz, Die Ortsnamen auf -richt in der Oberpfalz, Oberpfälzer Heimat, 7/1962, 32
St. Wolfgang, 1000 Jahre Bischof von Regensburg, Darstellung und Verehrung, Katalog der Ausstellung des Bischöflichen Zentralarchivs, Regensburg 1972

*Urpfarreien und Karner*

Gagel, Die alten Dekanate der Oberpfalz, Oberpfälzer Heimat 12/1968, 36
Gagel, Weidens kirchliche Anfänge, Oberpfälzer Heimat 17/1973, 189
Glockner, Die Urpfarrei Neunkirchen, Oberpfälzer Heimat 13/1969, 118
Hermann, Das Vesperbild zu Rottendorf, Die Oberpfalz, 1962, 196
Hermann, Der Karner in Pfaffenhofen bei Kastl, Die Oberpfalz 1966, 164
Hermann, Die Karner der Oberpfalz, Oberpfälzer Heimat 12/1968, 7
Krauß, Vom Zerfall der Großpfarrei Neunkirchen, Oberpfälzer Heimat 20/1976, 184
Lehner, Die mittelalterlichen Kirchenpatrozinien des Bistums Regensburg, VHOR 49, 5
Piehler/Ascherl, Chronik der Pfarrei Altenstadt a. d. Waldnaab und Neustadt a. d. Waldnaab, 2. Aufl., Neustadt a. d. Waldnaab 1977
Schwarzfischer, Die Urpfarrei Roding, Oberpfälzer Heimat 7/1962, 58
Schwarzfischer, Eine vor-romanische Taufkapelle in Roding, Oberpfälzer Heimat 6/1962, 39
Strobel, Der Karner von Chammünster, VHOR 110, 205
Zückert, Die Urpfarrei Altenstadt a. d. .Waldnaab, Oberpfälzer Heimat 19/1975, 53

*Frühe Zeugnisse der weltlichen Gewalt*

Brenner-Schäffler, Geschichte des Landgerichtsbezirks Weiden, VHOR 17, 164
Emmerig, Burgen und Schlösser der Oberpfalz, Schönere Heimat 1981, 80
Pfistermeister, Burgen der Oberpfalz, 2. Aufl., Regensburg 1976
Raschke, Luhe, Oberpfälzer Heimat 4/1959, 16
Schuster, 1000 Jahre Floß, Floß 1976
Stein, Geistliche und weltliche Gewalt – Freskenzyklus im chorus major der Prüfeninger Klosterkirche, Magisterarbeit, Regensburg 1981

*Frühe Klöster*

Zitzelsberger; Die Geschichte des Klosters Ensdorf von der Gründung bis zur Auflassung in der Reformation 1121–1525, VHOR 95, 5

*Ländliche Romanik und Gotik*

Oswald und von Ingersleben, Herold-Deutschland-Bibliothek Bd. 6 München 1970
Schwarz, Die frühmittelalterlichen Anfänge nach den archäologischen Quellen, in: Der Landkreis Amberg-Sulzbach, Amberg 1978

*Die Bürger und ihre Rathäuser*

Freyberger, Baiwarisches und Barockes, 3. Aufl., München 1949
Meckl, Das »Eh-Häusl« in Amberg, Amberg-Information, 1982 Heft 12 S. 5
Röttger, Einleitung des Bildbandes »Die oberpfälzischen Städte« in der Reihe Alte Kunst in Bayern, Augsburg 1926, abgedruckt in: Färber/Lindinger, Oberpfalz-Bilderbuch, Regensburg 1966

*Glaubenswirren*

Goldmann und Lehner, Israelitische Kirchengeschichte, in: Schuster, 1000 Jahre Floß, Floß 1976
Sommermann, Evang.-Luth. Dekanat Weiden in der Oberpfalz, Erlangen 1982
Sturm, Das Wittelsbachische Herzogtum Sulzbach, Heft 17 der Weidener Heimatkundlichen Arbeiten, Weiden 1980
Sturm, Historischer Atlas von Bayern, Teil Altbayern, Heft 40: Kemnath, München 1975
Volkert, Die spätmittelalterliche Judengemeinde in Regensburg, in: Schriftenreihe der Universität Regensburg, Bd. 5, Regensburg 1981

*Wallfahrten und einsame Kirchen*

Eichenseer, So feiern die Oberpfälzer, in: Lebendige Oberpfalz, Regensburg 1981
Gebhard, Zur Geschichte des Wallfahrtswesens in der Oberpfalz, VHOR 112, 311
Hartinger, Heilbrünnl und Sträucherröhren. Die Entstehung zweier Wallfahrten in der Gegend von Cham, Schönere Heimat 1981, 102
Utz, Wallfahrten im Bistum Regensburg, München-Zürich 1981

*Der Tod*

Bergler, Totenbretter im Kreis Neustadt a. d. Waldnaab, Oberpfälzer Heimat 19/1975, 138
Fröhlich, Totenbretter um Neustadt, Oberpfälzer Heimat 1/1956, 51
Hanauer, Heimatbuch der Marktgemeinde Eslarn, Eslarn 1975
Hartinger, . . . denen Gott genad!, Totenbrauchtum und Armen-Seelen-Glaube in der Oberpfalz, Regensburg 1979
Kapfhammer, Totenbretter im Landkreis Oberviechtach, in: Der Landkreis Oberviechtach in Vergangenheit und Gegenwart, Aßling 1970
Kirchhoff, Der Wondreber Totentanz, München-Zürich 1976
Schwarzfischer, Geschichte der Stadt Roding und ihres Pfarrgebietes, Roding 1967

*Barocke Formen und Rokoko*

Guggenmoos, Aus der Geschichte des Schönseer Landes, in: Der Landkreis Oberviechtach in Vergangenheit und Gegenwart, Aßling 1970

Lampl, Johann Baptist Zimmermann, der Meister des Stuckes in Amberg-St. Georg, Jahrbuch des Vereins für Christliche Kunst Bd. XI S. 99, München 1980
Lipp, Staatliche Provinzialbibliothek Amberg, Bibliotheksforum Bayern, 1979, 129
Preißl, Der Akanthus-Altar in der nördlichen Oberpfalz, in: Festschrift zum 23. Bayerischen Nordgautag, Waldsassen 1980

*Residenzen und Hammerschlösser*

Pfistermeister, Schlösser der Oberpfalz, Regensburg 1975
Ross, Bauten, Denkmäler und Stiftungen deutscher Eisenhüttenleute, Düsseldorf 1960

*Neuem aufgeschlossen*

Emmerig, Die Metropole – Der Fürstenhof, Band 4 der Reihe »Regensburger sehen Regensburg«, Regensburg 1981
Hubel, Weiden St. Josef, Schnell-Kunstführer Nr. 56, 2. Aufl., München-Zürich 1979
Meißner, 75 Jahre Evang.-luth. Kirche Furth i. Wald, 1978
Schnell, Bayerische Frömmigkeit im 20. Jahrhundert, in: Bayerische Frömmigkeit, Ausstellungskatalog, München 1960

*Waldler- und andere Häuser*

Bedal, Haus und Stadel, Bäuerliches Bauen in der Oberpfalz, Regensburg 1975
Bergmann, Fachwerkbauten in der Nordostoberpfalz und im Egerland, Oberpfälzer Monographien Bd. 4, Amberg 1972
Bergmann, Fachwerkbauten in der Oberpfalz 2, Oberpfälzer Monographien Bd. 5, Kallmünz 1975
Bergmann, Volksarchitektur aus Ostbayern und dem Böhmerwald, Oberpfälzer Monographien Bd. 6, Amberg 1976
Lampl, Zeugen einer Ackerbürgerstadt, in: Der Landkreis Tirschenreuth, Hof (Saale) 1980
Straßer, Das Waldlerhaus – Probleme seiner Erhaltung, Schönere Heimat 1981, 55
Straßer/Loeffler, Das Waldlerhaus, Regensburg o. J.

*Volkstümliche Welt*

Benzel, Märchen, Legenden und Sagen aus der Oberpfalz, Bd. I und II, Kallmünz 1978 und 1979
Bergmann, »Schauerkreuze« und »Passionskreuze« (Armakreuze) unserer Heimat, Die Oberpfalz, 1966, 210
Feldmann, »Großen Schmerz fühlt deine Seele« (Zur Ölbergandacht in Berching), Regensburger Bistumsblatt, 51. Jahrgang, Nr. 14, 4. 4. 1982
Sagen aus dem Landkreis Vohenstrauß, in: Der Landkreis Vohenstrauß, Aßling 1969
Widmann/Spitta, Die wahrhaft göttliche Komedi, Hauskrippen im Stiftland, Regensburg 1976
Wolf, Der Drachenstich in Furth im Wald, Schönere Heimat 1981, 114

# Namens- und Ortsregister

(Die Angaben in Klammern bei den Orten verweisen auf das jeweilige Planquadrat der Karte auf S. 197. Kursive Zahlen beziehen sich auf die Abbildungen.)


Abraham a Santa Clara, Prediger 108
Albertus Magnus, hl. 60
Allersburg bei Schmidmühlen (B 4) 36
Altdorfer, Albrecht, Maler 152
Alteglofsheim (C 5) 135
Altenstadt bei Cham (D 4) 27
Altenstadt/Waldnaab bei Neustadt/Waldnaab (C 2) 36
Altmannstein bei Dietfurt (B 5) 154, *155*
Altmugl bei Neualbenreuth (D 1) 104, *105*
Amberg (B 3) 50, 65, 70, 75, 76, 78, 96, 118, *127*, 128, 129, *130*, 131, 143, 148, 150
Arbeo, Bischof 19, 51
Armesberg bei Kemnath (B 1) 14
Arnulf von Kärnten, Kaiser 51
Arrach (D 4) 120, *120*, *121*
Asam, Gebrüder, Künstler 54, 58, 117, 122, 135
Aschach bei Amberg (B 3) 36
Ast bei Waldmünchen (D 3) 89
Atzmannsricht bei Hirschau (B 3) 27
Auerbach (B 2) 54, 71, 96, 122
Aufhausen (C 5) 118, 152
Aventinus, Geschichtsschreiber 85

Baiern bei Regensburg (C 5) 172
Barbara, hl. 98
Barbaraberg bei Speinshart (B 2) 118
Barbara Blomberg 104
Barbing bei Regensburg (C 5) 19, 21, *22*
Bärnau (D 1) *99*
Beckers, Hans, Architekt 148
Beer, Franz, Baumeister 117
Beidl (C 2) 17, 36, *119*, 120
Beratzhausen (B 4) 75, 158
Berching (A 4) 50, *67*, 70, 160, 174
Berengar von Sulzbach, Graf 44, 53, 54
Bernhard von Weimar, Herzog 44
Bernhardswald bei Regenstauf (C 4) 148
Berthold von Regensburg, Prediger 60, 151
Bibiano, Grigorio, Baumeister *90*
Bierwinkl (D 4) *163*, 164
Blaibach (E 4) 30, 135
Blechhammer bei Neunburg vorm Wald (D 3) 139
Bodenwöhr bei Neunburg vorm Wald (D 3) 10
Böhm, Dominikus, Architekt 148
Bonifaz VIII., Papst 40
Branca, Alexander Frhr. von, Architekt *147*, 148
Brand (B 1) 154
Breitenbrunn (B 4) 96, 102, 112
Breitenstein (B 2) 44, *46*
Britting, Georg, Dichter 9, 158
Brudersdorf bei Nabburg (C 3) 65
Bubach am Forst bei Regenstauf (C 4) 70
Buchberg bei Schnaittenbach (C 3) 9
Burglengenfeld (C 4) 42, 152, *153*

Carlone, Joh. B., Stukkateur 122
Cham (D 4) 13, 16, 27, 36, 42, 54, 78, 148
Chammünster (D 4) 27, *28*, 33, 51, 116
Charlottenhofer Weiher bei Schwandorf (C 3) 13
Cuvilliès, François, Architekt und Dekorateur 135

Dalberg, Carl Theodor von, Fürstbischof, 131, 135, 143
Deggendorf 71
Deining bei Neumarkt (A 4) 135
Dientzenhofer, Georg, Baumeister 92, 122
Dientzenhofer, Wolfgang, Baumeister 54, 92, 117, 122
Diepold III., Markgraf 40, 54
Diesenbach bei Regenstauf (C 4) *147*, 148

Dießfurt (C 2) 139, *140*
Dietfurt (B 4) 71, 85, *86,* 174, 182, *183*
Dietkirchen bei Habsberg (B 3) *115,* 116
Dietldorf (C 4) *141*
Döllnitz bei Leuchtenberg (C 2) 16
Don Juan d'Austria 104
Drahthammer bei Pressath (B 2) 139
Dürnsricht bei Stulln (C 3) 27, 116

Eger 54, 164
Ehenfeld (B 2) 65
Eichelberg bei Hemau (B 4) 96
Eichelberg bei Pressath (B 2) 19, *20,* 21, 114
Eichhofen bei Regensburg (C 5) 44, *45*
Eidengrub bei Michelsneukirchen (D 4) 24
Eilsbrunn bei Regensburg (C 5) 27
Eisenbarth, Johann Andreas, Arzt 160, *161*
Eisenhammer bei Beratzhausen (B 4) 139
Eixlberg bei Pfreimd (C 3) 98
Emmeram, hl. 19, 27, *31,* 32, 51, 85
Engelsdorf bei Pemfling (D 4) 164
Ensdorf (B 3) 54, *55,* 117
Erasbach (A 4) 154, *156*
Erbendorf (C 1) 82
Erhard, hl. 51
Eschenbach (B 2) 13, 65, 71
Eschenfelden bei Königstein (B 2) 82
Eslarn (D 2) 13, 106, 125
Etterzhausen bei Regensburg (C 5) 27, 62
Etzenricht bei Weiden (C 2) 13, 81

Fahrenberg (D 2) *12,* 89, 102
Falkenberg (C 1) 44
Falkenstein (D 4) 44, 102, 120, 180
Finkenhammer bei Pleystein (D 2) 139
Fischer, Johann Michael, Baumeister 118, 152, *153*
Floß (C 2) 36, *43,* 44, 81, 82, *84*
Flossenbürg (C 2) 13, *43,* 44
Fockenfeld bei Waldsassen (C 1) 135
Frauenzell (D 4) 118
Freihung bei Ehenfeld (B 2) 81
Freystadt (A 4) 70, *72,* 75, *88,* 92
Friedersried bei Roding (D 4) 62
Friedrich Barbarossa, Kaiser 54, 102
Friedrich II., Pfalzgraf 131
Friedrich III., Kurfürst 80
Friedrich IV., Kurfürst 80
Friedrich V., Kurfürst 80
Friedrich der Schöne von Österreich, König 53
Friedrich von Vohenstrauß, Pfalzgraf 108
Fronau bei Stamsried (D 4) 164
Fronberg bei Schwandorf (C 3) 142
Fuchsmühl (C 1) 96
Fürnried bei Illschwang (B 3) 82
Furth im Wald (E 3) 27, 30, 98, 139, 144, 180

Gaisweiher bei Flossenbürg (C 2) 13
Gärtner, Franz X., Architekt *146,* 148
Glaubendorf bei Wernberg (C 3) 27
Gleiritsch bei Tännesberg (C 3) 16
Gluck, Christoph Willibald, Komponist 154, *156*
Gnadenberg (A 3) 60
Götzelhof bei Kötzting (E 4) 24
Grafenwöhr (B 2) *73,* 75
Grasser, Erasmus, Bildschnitzer 152
Gregor VII., Papst 40
Griesstetten bei Dietfurt (B 4) 85, *86*
Gropius, Walter, Architekt 148, *149*
Großprüfening bei Regensburg (C 5) 70
Gulbransson, Olaf, Architekt 148
Günther, Ignaz, Bildhauer 135, 154, *155*

Habsberg (B 3) 53, *91,* 92, 116
Hagendorf bei Waildhaus (D 2) 14
Hahnbach (B 3) 65
Haibühl bei Lam (E 4) 27
Haidweiher bei Amberg (B 3) 13
Hainsacker bei Regensburg (C 4) *175*
Hammermühle bei Amberg (B 3) 139
Hart, Franz, Architekt 148
Heilbrünnl bei Roding (D 4) *95*
Heilika von Wittelsbach 54, *55*
Heinrich der Löwe, Herzog 102
Heinrich Jasomirgott, Herzog 102
Heitzenhofen bei Kallmünz (C 4) 27
Hemau (B 4) 70, 96
d'Herigoyen, Emanuel, Architekt 143

Heringnohe bei Vilseck (B 2) 142
Hillstett (D 3) *138,* 139
Hiltersried bei Rötz (D 3) 131
Hirsch, Martin, Bildhauer 117
Hirschau (B 3) 14, 71
Hof am Regen bei Reichenbach (D 4) 44
Hofstötter, Franz, Maler 144, *145*
Hohentreswitz bei Pfreimd (C 3) 17
Holzhammer (C 3) 122, *123,* 142

Illschwang (B 3) 82, *83*
Jakobus d. Ä., hl. 104
Johann von Neumarkt, Pfalzgraf 60, 131

Kallmünz (C 4) 17, 76, *77*
Kaltenbrunn bei Grafenwöhr (B 2) 81
Kappel bei Waldsassen (C 1) 92, 104
Karl IV., Kaiser 131
Karl V., Kaiser 104
Kastl (B 3) 33, 36, *52,* 53, 54, 71, 182
Kastl bei Kemnath (B 1) 65
Katzdorf bei Neunburg vorm Wald (D 3) 85, *87,* 122
Kemnath (B 1) 14, 16, *64,* 65, 71, 110, *110,* 135, 169
Kirchendemenreuth bei Neustadt/Waldnaab (C 2) 81
Koch, Joseph, Architekt 144
Köfering bei Alteglofsheim (C 5) 135
Köllergrün bei Waldsassen (C 1) 54
Kölwel, Gottfried, Dichter 75, 158
König Otto-Höhle bei Velburg (B 4) 10
Königstein (B 2) 44, *46*
Kötzting (E 4) 92, *97,* 98, 182
Kreuzhof bei Regensburg (C 5) 21, *100,* 102
Kümmernis, hl. 62

Lam (E 4) 184
Lauterhofen (B 3) 18, 21
Lederdorn (E 4) 180
Leonberg bei Ramspau (C 4) 27, 122
Leonhard, hl. 85
Leuchtenberg (C 2) 42, 125, 129
Leuchtenberg, Landgrafen von 129, *132, 133*
Lindenfels, Frhr. von 134, *134*
Lobkowitz, Fürst von *90,* 131
Loch bei Hemau (B 4) 44, *45*
Lola Montez *49,* 50
Luchese, Carlo Domenico, Stukkateur 117, 122
Ludwig I., König 143
Ludwig II., Kurfürst 80
Ludwig das Kind, König 51
Ludwig der Bayer, Kaiser 53
Ludwig der Deutsche, König 24
Luhe (C 2) 36, 38, *38*

Marchaney bei Bärnau (D 1) 104
Maria Ort bei Regensburg (C 5) 150
Marienstein bei Falkenstein (D 4) 102
Marterrangen bei Pressath (B 2) 19, *20,* 114
Matting (C 5) 27, *69,* 70
Maximilian I., Kurfürst 80
Michelfeld bei Auerbach (B 2) 54, 117
Michelsneukirchen (D 4) 24
Miltach bei Blaibach (B 2) 98
Mitterteich (C 1) 71, 108
Mockersdorf bei Neustadt am Kulm (B 1) 36
Möning bei Neumarkt (A 4) 36
»Monte Kaolino« bei Hirschau (B 3) 14
Moosbach (D 2) 96
Mühlberg bei Neustadt/Waldnaab (C 2) 122
Mühlmayr, Philipp, Maurermeister 104
Münchenreuth (C 1) 27, *31,* 32
Münchshofen bei Burglengenfeld (C 4) 135
Murach (D 3) *41,* 42
Muttone, Philipp, Baumeister 104

Nabburg (C 3) 16, 30, 33, 36, 42, 54, 62, 65, 80, 92, 96, 98
Nepomuk, hl. 125, *126,* 164
Neualbenreuth (D 1) 118, 164
Neukirchen b. Hl. Blut (E 4) 89, *113*
Neumarkt i. d. OPf. (A 4) 65, 71, 78, 131, *146,* 148, 184
Neunburg vorm Wald (D 3) 42, 62, 85, *87,* 131
Neunkirchen bei Weiden (C 2) 36
Neusath bei Perschen (C 3) 30, 164, 166, *167,* 170

Neustadt a. d. Waldnaab (C 2) 36, 76, 125, 131, 150
Neustadt am Kulm (B 1) 110
Notker der Stammler 24

Oberammerthal (B 3) 62
Oberköblitz bei Wernberg (C 3) 27
Obermurach bei Murach (D 3) 41
Oberndorf bei Freystadt (A 4) 70
Obersee bei Eschenbach (B 2) 13
Obertrübenbach bei Roding (D 4) 62
Oberviechtach (D 3) 62, 148, 160, *161, 168,* 169
Odilo, Herzog 27
Ottengrün bei Neualbenreuth (D 1) 118
Ottheinrich, Kurfürst 80
Ottheinreich II., Pfalzgraf 131
Otto von Regensburg, Burggraf 58
Otto von Wittelsbach, Pfalzgraf 54, *55*

Parkstein (C 2) 14, *15,* 19, 81, 118, 158
Parsberg (B 4) 42
Paulsdorf bei Amberg (B 3) 70
Peithner, Oswald, Architekt 148
Pelhamer, Joh. Michael 110
Pemfling (D 4) 122, 164
Penk bei Etterzhausen bei Regensburg (C 5) 62
Perschen (C 3) 17, *29,* 30, 33, 36, 170, 172
Pertolzhofen bei Murach (D 3) 62
Pettenkofer, Max von, Hygieniker 160
Pfaffenhofen (B 3) 33, *34,* 36
»Pfahl« bei Cham (D 4) 13, *13*
Pfatter (D 5) 65
Pfreimd (C 3) 33, 71, 98, 118, 129, *132, 133, 171,* 172, 173
Pfrentsch bei Waidhaus (D 2) 17, 178
Pielenhofen (C 4) 117
Piesau bei Neunburg vorm Wald (D 3) 172
Pirkensee bei Burglengenfeld (C 4) 135
Pittersberg bei Schwandorf (C 3) 36
Plankstetten (A 4) *57,* 58, 117
»Platte« bei Fuchsmühl (C 1) 10
Pleystein (D 2) 14, 81, 96, 150
Plößberg (C 2) 81, *176,* 178
Pölling bei Neumarkt (A 4) 36
Ponholz bei Burglengenfeld (C 4) 96
Portner, Hammerherren 142
Premeischl bei Rötz (D 3) 17
Pressath (B 2) 16, 19, 36, 114, 139
Prienzing (D 4) 164, *165*
Pyrbaum (A 4) 60

Rabmühle bei Stamsried (D 4) *23,* 24
Ramspau (C 4) 135
Rauher Kulm bei Neustadt am Kulm (B 1) 14
Regensburg (C 5) 19, 24, 26, *47,* 50, 70, 78, 82, 129, 131, 143, 144, 148, 150, 152
– Allerheiligenkapelle 61
– Alte Kapelle 24, *25,* 61, 117
– Alter Kornmarkt 24
– Dom 61, 65, 70
– Dominikanerkirche 60
– Kloster Prüfening *39,* 40, 61, 70
– Minoritenkirche 60, 151
– Niedermünster 19, 51, 144
– Obermünster 51
– Steinerne Brücke *31,* 32, 62
– St. Emmeram 27, 51, 61, 70, 117, 131
– St. Jakob 58, 61
– St. Wolfgang 148
Regenstauf (C 4) 13
Reger, Max, Komponist 154
Reichenbach (D 4) 54, 108, 117
Reuth (C 1) 122, 125
Riedenburg bei Dietfurt (B 5) 154
Riedl, Johann Andreas, Bildschnitzer 120
Rimbach bei Kötzting (E 4) 24
Ringseis, Joh. Nep. von, Arzt *159,* 160
Roding (D 4) 13, 36, *37, 95,* 96, 106, *107*
Rohrbach bei Kallmünz (C 4) 142
Rösler, Adam, Pastor 110
Röthelseeweiher bei Cham (D 4) 13
Rötz (D 3) 17, 71, *138*
Rothenstadt bei Weiden (C 2) 81
Rottendorf (C 3) 34, *35*
Rupert, hl. 24, *25*
Rupprecht II., Pfalzgraf 131
Rußweiher bei Eschenbach (C 2) 13

Schauwecker, Heinz, Dichter 182
Schirndorf bei Burglengenfeld (C 4) 17, *18,* 21

Schlicht bei Vilseck (B 2) 36
Schmeller, Johann Andreas, Sprachforscher *157,* 158
Schmidmühlen (B 4) 135, 152
Schmuzer, Johann, Baumeister und Stukkateur 118
Schnaittenbach (C 3) 14, 122, 128
Schönfeld bei Siegenstein bei Frauenzell (D 4) 62
Schönsee (D 3) 125, *126*
Schönthal bei Ast (D 3) 30
Schwandorf (C 3) 10, 13, 150
Schwarzenfeld bei Schwandorf (C 3) 96
Schwarzhofen (C 3) 36, *159,* 160
Schwend bei Lauterhofen (B 3) *166*
Schweppermann, Seyfried, Feldhauptmann 53, 182
Seebarn (D 3) *66,* 70, 89, 122
Seligenporten (A 4) *59,* 60
Seubersdorf bei Parsberg (B 4) 122
Speinshart (B 2) 117, 118
St. Colomann bei Velburg (B 4) 104
St. Felix bei Neustadt/Waldnaab (C 2) 102
St. Jodok bei Tännesberg (C 3) 98, *101*
St. Quirin (C 2) 89, *90,* 96, 102, 122
St. Wolfgang bei Velberg (B 4) 65, 104
Stadlern (D 3) 89, 118, 172, *174*
Stadtamhof in Regensburg (C 5) *31,* 32
Stamsried (D 4) *23,* 24, 125
Steinbühl bei Kötzting (E 4) 98
Stilp, Karl, Bildhauer 117
Stockenfels bei Ramspau (C 4) 178
Störnstein bei Neustadt/Waldnaab (C 2) 131
Straubing 71
Strauß, Richard, Komponist 158
Stulln (C 3) 62, *63,* 98
Sünching (D 5) 135, 154
Sulzbach(-Rosenberg) (B 3) 42, 53, 60, 65, 75, 81, 96, 131, 164
Sulzbürg (A 4) 82, 84

Tännesberg (C 3) 9, 98, *101*
Tänzl von Tratzberg, Baron *141,* 142
Tegernheimer Keller bei Regensburg (C 5) 9
Tegernheimer Schlucht bei Regensburg (C 5) 9, 10
Teublitz bei Burglengenfeld (C 4) 17, 135
Teunz bei Oberviechtach (D 3) 17
Theodo, Herzog 24, *25*
Theuern (B 3) 139, 142
Thumsenreuth (C 1) 122, *134,* 134
Thurn und Taxis, Fürsten von 131
Thurmair, Johannes (Aventinus), Geschichtsschreiber 85
Tirschenreuth (C 1) 36, *48,* 50, 70, 71, 80, 148, 158
Traidendorf bei Kallmünz (C 4) 142
Trautmannshofen (B 3) 92
Trenck, Franziskus v., Pandurenoberst *181,* 182

Unterbruck bei Kemnath (B 1) 135, *136*
Untertraubenbach bei Roding (D 4) 30, 96
Unterwildenau bei Luhe (C 2) 135

Velburg (B 4) 10, 65, 71, 92, *93, 94,* 104, 122, *124,* 125, 143
Vilseck (B 2) 36, *49,* 50, *68,* 70, 71, 142
Vilshofen (C 3) 36, 78, *79, 111,* 112
Viscardi, Antonio, Kurfürstl. Baumeister *88,* 92
Vohenstrauß (C 2) 36, 81, 102, 131, 178, *179*
Voithenberghütte bei Furth i. Wald (E 3) 139

Wackersdorf bei Schwandorf (C 3) 96
Waidhaus (D 2) 14, 27, 96
Waldau bei Vohenstrauß (C 2) 122
Waldeck bei Kemnath (B 1) 14, 80, 125, 169
Walderbach (D 4) *56,* 58
Waldmünchen (D 3) 42, 75, *181,* 182
Waldsassen (C 1) 32, 54, 58, 104, 108, 117, 118, *177,* 178
Waldthurn bei Fahrenberg (D 2) *114*
Walhalla bei Regensburg (C 5) 143
Warzenried bei Neukirchen b. Hl. Blut (E 3) 98
Weiden (C 2) 36, 65, 70, 71, *74,* 76, 78, 81, 108, 144, 154

Weidenwang (A 4) 154, *156*
Weigel, Christoph, Kupferstecher 108
Weihersberg bei Pressath (B 2) 102, *103*
Weißenregen bei Kötzting (E 4) 92, *97*
Welluck bei Auerbach (B 2) 17
Wernberg (C 3) 44
Wieskirche bei Moosbach (D 2) 96
Wilchenreuth bei Weiden (C 2) 62
Wildenreuth bei Erbendorf (C 1) 82
Wilgefordis, hl. 62
Wimmer, Hans, Bildhauer 154
Windischeschenbach (C 2) 13, 27, 36
Winklarn bei Oberviechtach (D 3) 125
Wirbenz bei Kemnath (B 1) 17
Woffenbach bei Neumarkt (A 4) *146*, 148
Wolfgang, hl. 27, 51, 85
Wolfsegg (C 4) 44, 178
Wondreb (D 1) 36, 104, 108, *109*
Wörth (D 5) 135, *137*

Zandt bei Bierwinkl (D 4) 163
Zimmermann, Joh. Bapt., Stukkateur 118
Zipfeltanne bei Fuchsmühl (C 2) *11*

*Bildnachweis:*

Die Vorlagen für die Abbildungen auf den Seiten 13, 15, 18, 22, 31, 34, 43, 46, 69, 84, 110, 114, 123, 141, 163, 166 und 168 stellte der Textautor zur Verfügung. (Freigabevermerk zur Luftaufnahme S. 13: Reg. v. Mfr. – Luftamt Nordbayern – P 2600/1)

A
B
C
D
E
1
2
3
4
5
Münchenreuth
Waldsassen
Neualbenreuth
Brand
Fuchsmühl
Mitterteich
Wondreb
Kemnath
Thumsenreuth
Reuth
Falkenberg
Tirschenreuth
Neustadt
am Kulm
Erbendorf
Beidl
Bärnau
Speinshart
Windisch-
Eschenbach
Plößberg
Pressath
St. Quirin
Eschenbach
Dießfurt
Neustadt
Flossenbürg
Parkstein
Floß
Grafenwöhr
Auerbach
Fahrenberg
Weiden
Waidhaus
Pleystein
Vohenstrauß
Leuchtenberg
Eslarn
Königstein
Vilseck
Ehenfeld
Moosbach
Breitenstein
Luhe
Holzhammer
Hirschau
Wernberg
Tännesberg
Schnaittenbach
Stadlern
Hahnbach
Pfreimd
Schönsee
Pfreimd
Sulzbach-
Rosenberg
Perschen
Oberviechtach
Rottendorf
Nabburg
Murach
Illschwang
Amberg
Ammerthal
Stulln
Schwarzhofen
Ast
Lauterhofen
Kastl
Theuern
Waldmünchen
Gnadenberg
Pfaffenhofen
Ensdorf
Naab
Neunburg
Rötz
Trautmannshofen
Seebarn
Hillstett
Furth i. Wald
Schwandorf
Habsberg
Lauterach
Vilshofen
Pemfling
Chamb
Neukirchen
b. Hl. Blut
Pyrbaum
Neumarkt
Stamsried
Prienzing
Schmidmühlen
Cham
Seligenporten
Lederdorn
Lam
Burglengenfeld
Velburg
Chammünster
Regen
Dietldorf
Roding
Blaibach
Freystadt
Reichenbach
Kötzting
Vils
Walderbach
Sulzbürg
Bierwinkl
Kallmünz
Weidenwang
Ramspau
Parsberg
Michelsneukirchen
Erasbach
Regenstauf
Berching
Wolfsegg
Falkenstein
Beratzhausen
Arrach
Plankstetten
Breitenbrunn
Pielenhofen
Frauenzell
Regensburg
Hemau
Dietfurt
Donau
Wörth
Schw. Laaber
Matting
Pfatter
Alteglofsheim
Sünching
Aufhausen
Schierling
N

Text: Ernst Emmerig
Fotos: Wilkin Spitta

CIP-Kurztitelaufnahme der Deutschen Bibliothek

**Emmerig, Ernst:**
Unbekannte Oberpfalz : von Land u. Leuten, aus Geschichte u. Kultur / Ernst Emmerig ; Wilkin Spitta. – Regensburg : Pustet, 1983.
ISBN 3-7917-0791-4
NE: Spitta, Wilkin:

ISBN 3-7917-0791-4

Umschlagbild: Hl. Barbara, die Patronin der Bergleute, aus dem 14 Nothelfer-Altar der Kirche in Seebarn
Gesamtherstellung: Friedrich Pustet, Regensburg
Printed in Germany 1984